# 缅述

杨永生 口述

李鸽 王莉慧 整理

中国建筑工业出版社

图书在版编目（CIP）数据

缅述/杨永生口述.—北京：中国建筑工业出版社，2012.6
ISBN 978-7-112-14410-5

Ⅰ.①缅… Ⅱ.①杨… Ⅲ.①杨永生–回忆录 Ⅳ.①K825.42

中国版本图书馆CIP数据核字（2012）第123438号

责任编辑：李　鸽
责任设计：叶延春
责任校对：党　蕾

## 缅述

杨永生　口述
李　鸽　王莉慧　整理
＊
中国建筑工业出版社出版、发行（北京西郊百万庄）
各地新华书店、建筑书店经销
北京嘉泰利德公司制版
北京云浩印刷有限责任公司印刷
＊
开本：850×1168毫米　1/32　印张：6½　字数：162千字
2012年6月第一版　2012年6月第一次印刷
定价：28.00元
ISBN 978-7-112-14410-5
　　　　（22434）

**版权所有　翻印必究**
如有印装质量问题，可寄本社退换
（邮政编码　100037）

# 目 录

出身家庭……………………………………………… 2
解放前的哈尔滨……………………………………… 12
求学之路……………………………………………… 31
参干…………………………………………………… 45
赴波兰………………………………………………… 51
去苏联………………………………………………… 60
难忘的1956年………………………………………… 69
我眼中的苏联专家…………………………………… 74
"四清"插曲…………………………………………… 77
"反右"、"文革"中的人与事………………………… 83
我心中的两位好领导………………………………… 94
调来调去……………………………………………… 99
发挥余热……………………………………………… 103
忆旧思今哈尔滨……………………………………… 107
谈建筑………………………………………………… 111
中国建筑工业出版社的事…………………………… 129

我与《建筑师》……………………………… 163
不得不说的事……………………………… 200
后记………………………………………… 203

**在**这本小册子里谈谈我的经历和见闻。总的原则是不虚妄,不溢美,不掩饰,说真话,谈真情。

"文革"当中感到很落寞,很孤寂,很无奈,也很茫然。有人问过我,你最满意的生活阶段是哪一个阶段,我说是1970年代和1980年代初,这一个阶段十来年;再一个就是离休以后。人生最重要的是不停地拼搏,最大的苦恼是浪费短暂的生命。这种自觉是我离休以后才产生的,在那之前虽然有的时候做了一些事,但是感觉生命浪费很大。一个人的生命离不开自己的家庭和社会环境,每一个人都如此。所以我认为讲出身也是有一定道理的。

当你自觉的时候,就能够注意克服那个环境给你带来的坏东西;当你不自觉的时候,那些坏东西往往在你身上体现出来。

## 出身家庭

  我父亲是闯关东的第一代产业工人，不是商人，也不是手工业工人。我老家是现在河北省辛集市，过去是束鹿县前鸭河营，在冀中平原上。据说那个村，原来明初的时候是屯兵的地方，所以叫"营"。又据说，我们家族是明末从山西洪洞县迁过来的，这个没有文字记载。但是若干迹象表明是山西人。听老人说，我爷爷的爷爷，还到山西找过老家，探过亲。这是第一个迹象；第二个迹象是我们家爱吃醋，爱吃羊肉，爱吃面食，这都是一种传统。
  据我所知，我爷爷的父亲是有钱的地主，至少也有几十亩地。但是到了我爷爷那一辈，哥仨没一个正经的，都是少爷公子，不务正业。特别是我爷爷，是老大，念了十年书，居然一辈子没有种过地。因为他念了十年书，人家说他能言善辩，村里人什么事找他，劝和什么的这些事，写一个东西什么的，附近的几个村庄都知道他。分家分得的土地房屋，陆续地都卖光了，他好抽鸦片，吃好的。我父亲三岁死了母亲，我爷爷又找了一个后老伴，也是好吃懒做，跟他一块天天吃肉馅饺子。我爷爷是远近闻名的"饺子王"。后来房子全部卖了，自个儿住了一个土坯房，地卖得一条垄沟都没有了。我爷爷的那两个兄弟也是不干活的，哥仨把家败个精光。我们这个家族和中国历史的起伏是合拍的。鸦片战争以后，鸦片的危害一直深入到中国的农村，我爷爷就染上了这个毛病，倾家荡产，以至于变成游手好闲的人。

　　我父亲受到的教育主要来自他奶奶。他奶奶有文化，念过书。据说在清朝末年，土匪来抢劫，她指挥若定，告诉家里的那些雇农，谁也不许动，拿好武器，什么刀枪剑戟的，听她下令再动。她把土匪放进来了，然后又叫人关上大门——关门打狗，最后打跑了土匪。这位老太太管不了她的儿子。我父亲十三岁，他奶奶也去世了。临死以前告诉我父亲，"你长大了远走高飞，离开这个家，这个家没有希望了。"所以我父亲从他奶奶去世了以后，就给人家打短工，当长工。一直到18岁（1907年），听说关外好混，有饭吃，就和邻村四个人，一套衣裳、一个行李卷，一起上路，一直走到了山海关。也不知走了几个月，就是一边赶路，一边给人家打工，混碗饭吃，第二天接着走。或者给人干几天活，或者这几天不要钱，管吃管住，然后再走，给一点零钱。就这样从山海关到了锦州。

　　到了锦州以后，有两个人就不想走了，太苦了，打道回府，往回走了。还有一个人跟他做伴，不幸的是，那个人得病死在了锦州。我父亲除了挣钱给那个同伴买药治病外，最后还买了口棺材把那位同伴给埋掉了。然后就他一个人继续北上。边打工，边赶路，一直到了沈阳。在沈阳，也就是什么糊口干什么，在沈阳郊区菜地，种了一年菜，还当过货郎，当过砌砖工。

　　在沈阳听说哈尔滨修铁路有活干，挣得多，我父亲就奔哈尔滨了。大约是在1910年前后到了哈尔滨。来到哈尔滨以后，没有亲戚朋友，什么人都不认识，就到了同乡会，但是没有人给他介绍工作。那时候没有熟人担保，是不会被录用的。后来他找了一个大车店，就是货运马车休息的驿站，在那儿找了一个栖身之地，给人家干活，只管饭，不挣钱，晚上盖自己的棉袍。我父亲个儿高，棉袍不够长，脚冷，他就把脚伸到棉袍两个袖子里面，就这样在那儿住了一两个月。可能是他干活挺勤快的，又不愿意说话，这个店老板就告诉他，道外有一家老毛子火磨（其实就是俄国人开的面粉厂），那儿我有熟人，招扫地的工人，主要是扫飞落地上的面粉。这样我父亲就到那儿当扫地工人。他在那儿干了一二十年，学会了工厂生产面粉的技术。没有人教，他就在旁边看，看人家怎么修理机器，怎么管理，怎么操作。人家觉得他行，让他看机器，一点点地都熟练了，学着修机器，什么螺丝放那儿，怎么弄，眼看心记。为了跟俄国技术工人学一点技术，也得会说一点俄语，就是跟俄国工人学着说俄国话。大概几十位中国人，就他一个学会了俄语，能跟俄国工人交流，后来就成为一名技术工人了。解放后，苏联粮食专家来了，翻译不太懂面粉制作技术术语，他可以跟苏联专家直接谈话。巧得很，那位苏联专家还认识他的师傅。

我父亲是很有韧劲的，一天书都没有念过，我爷爷没供他念书。他学认字也很有意思，就是通过看京戏戏报。什么二人转，什么评剧，统统不看，他瞧不起这些，他觉得京戏有文化。那个时候看戏，一进门给戏报，比如说今天谁是主角，明天是谁主演，戏报上，演员、戏名都是印出来的。他就是从这个上面认字。后来学打算盘，我妈说，天天晚上打，加减乘除都背得下来。他这个人有钻研的劲头，他的这些知识和技能全部都是自学的。到了晚年，在北京退休了以后，给我哥看孩子，一只手来回推着小车，另一只手捧着《三国演义》。我记忆当中，20世纪30年代开始，我们家就订报纸。他天天看报，对国际形势，他也有所分析。1945年夏天的时候，他就知道日本快完了，他跟我们说，"日本快了，看样子快了，日本人快被打败了。"

我父亲一直到三十几岁才娶我妈。因为在那之前娶不起，就是娶了，生了孩子也养不起，挣得少，还要学一点本事，还要学认字。

我妈是哈尔滨郊县阿城山沟里的农民,经人介绍才嫁给我父亲。我妈没有念过书,是相夫教子的家庭妇女。

大概是1929年,张学良把我父亲工作的伊里古斯面粉厂从俄国人手里买下来了,改名字叫"东兴火磨",取意"东北兴旺"。这个厂是张学良用银行的名义买的,叫东三省官银号,官家的银号。那一批管理人员是有本事的,也有文化。解放后我问过我爸爸,"少帅到咱们那个厂子去过吗?""来过。"我说,"你见到了?说话没?""没有,

图1 这是1931年前哈尔滨南马路东兴火磨厂房(左侧为多层厂房,右侧为成品仓库)摄于1987年4月

我离着老远,我这样的,不能到跟前,够不上。"我爸爸说的是实在话,他旁边围的警卫人员一大堆,普通人根本不能近距离接触到。从这个角度看张学良曾经也想过"实业救国"。人家办沈阳的那个东北大学,老师的工资比清华大学还高。要不然梁思成当时也不可能去东北大学,而且是夫妻一块儿去的。那时候东北大学的教授都是留洋回来的。教法文的,是留学法国;教英文的,是留美、留英回来的。当年东北大学,每年毕业生里,得分高的,好像是前十名,还是多少名,张学良掏钱叫他们留学。毕业以后,要游

历欧洲,还给钱,让学生开眼界。但是你回来得为他工作。学文科的,可以到大学里教书。学军事相关的,到参谋本部当参谋。

买下了这个工厂以后,技师,就是相当于现在总工程师这一职务,由谁担当成了难题。原来买下来之前是俄国人当技师,设备全是德国设备,而我父亲在技术上也达到了这个程度了。董事会在用人的意见上不一致。有人主张用俄国人,人家有技术,也有文化,中国人都是闯关东的,没文化;有的主张用中国杨师傅(我父亲)。他们认为既然是中国人办工厂就应该用中国人当技师。这个杨师傅挺能干的,人品也好,管他念没念过书。他能出合格的面粉——公鸡牌面粉,远销到天津,可以给咱们挣钱,就可以了。这其中也有民族情绪。虽然两派观点,各执一词,最后董事会还是选择了我父亲。这样,我父亲就开始步入管理层,挣得多了,一个月能拿一百多银元。那年景一个大洋能买一袋面。1930—1931年,年终奖金居然一次拿到了1000块大洋。主要是因为工厂挣钱了。那个时候也讲究多挣利润多分奖金,工人也就跟着多分奖金了。

那个时候虽然社会有贫富差距,穷人吃不起酒席,但是在现代化企业里面工作的技术工人,工资也不低,待遇不错。一到春节了,老板请客吃火锅,在院子里有上百个火锅,很热闹。我爸工厂的技术工人也有笔挺的料子服穿。有人学俄国人也穿西服,到礼拜天穿西服上街溜达去了。就是普通工人,干了几年以后,工资也不少。普通职员都穿西服上班,可能老板也有这个要求吧,和现在一样。经常宴请的也很多,这个同事走了,不干了,大伙请吃顿饭,新来的大家吃顿饭,生孩子大家也请吃顿饭。

1931年"九一八事变",1932年春节日本人侵占哈尔滨,"东兴火磨"被日本人霸占了。工厂里来了几个日本人,从经理到技术负责人全换,所有管理层的中国人被撵走了,我父亲也就回家了。那个时候我们家就很困难了,我父亲不想给日本人干,但是又要养一大家子人，上关内找职业，曾经打听过，在天津找过工作，没找到。他什么关系都没有，他是一个人闯关东的，社会关系也建立不起来。

然而日本人的技术不过关，那个时候叫一号面，二号面，三号面，就是精粉、白粉、黑粉，同时出。麦子从上边进去，底下接面，接三种，日本人不会弄，把三种面粉混在一起，分不开了。结果，他们把我父亲又找回去了。我父亲调整好机器，三种面粉又分别出来了，日本人说还是你干吧。但是比张学良给的钱少多了。就这样我父亲又接着干了，一直干到了日本投降。

从张学良买下面粉厂那个时候开始，我们家就搬到工厂的后院住了。主要是因为日夜三班倒，机器出问题得找我父亲。我们家住进去之后，吃面不花钱，随便拿，吃米自己去买，烧煤随便拿，工厂后院有的是，就是花两个菜钱，连住房也不交房租。一个小二层楼，我们住二层，连厨房五间。

前些年闹了一个笑话。1990年代初我去哈尔滨，想看看那个小楼，看门的老爷子不让进。"不让进，那个小楼拆了，你甭看了。"我说，我小时候住那儿，让我进去看看。"那怎么可能呢？那小楼上住的是张学良姨太太！"我说，我就没有听说过，那我不成了张学良的儿子了？那我也不至于走你这个门儿啊！我就跟他逗闷子，聊了半天，他说那你进去看吧，我就进去了。院里乱七八糟的，早已没有当年的痕迹。后来我回北京问我二哥，我说，你听说过咱们原来的房子是张学良姨太太住过的吗？他说，"没有，没有听说过。也许住过，咱们不知道！"后来我问一个哈尔滨人，那人说哈尔滨人净瞎编，尤其是张学良的故事很多，别听他们瞎编！

总体上说，因为我父亲的勤劳和智慧，让我们兄妹几个小时候的生活过得还算得上是小康。我家活下来的兄妹五人，我排行老三。大排行老四，中间死了一个哥哥。我上面两个哥哥，现在都不在了；下面一个妹妹，现在70多岁了，在太原；最小的是个弟弟。我们小时候父亲反复地跟我们强调，"我没有念过书，我这辈子吃亏没有念过书，你们念书，好好念，不许搞邪门歪道，你们念到哪儿我供到哪儿，我倾家荡产也供你们，念不上别赖我。"他从没说过不管我们，常说："就靠你们自己了"这样的话。从小，我们要干什么，只要干正事，父亲都支持，考什么学校他都不管，需要拿钱，他给。但是要求我们不能搞邪门歪道，不管做什么，都认真地去做，好好地去做。"行行出状元"，他这句话老重复。他还经常说，你们念不好书，没事儿！去当学徒，剃头去！学买卖，我给你们找地方，三年学徒，别回家！反正我不能养着你们白吃饱！我们哥们儿有点害怕，学徒多受罪啊，所以我们都很努力。

我大哥是伪满国民高等学院毕业，就是中学毕业。我二哥是大学程度，但是也没有正经地念，因为他高中就参加了北平地下党，走上了革命的道路。国民党管他们叫"职业学生"，老不毕业。真学生证、假学生证，反正兜里都装着，方便搞学生运动。他是1945年日本投降后，1946年初自己去北平的。那时候哈尔滨的学校基本上没有什么课上了，也没有人管了。他在道里一中念书。我二哥也就十七八岁，那时东北的国高他已经读到四年级了。他们两三个同学就商量上北平念书，北平的文化程度高。一到北平，按理说应该念高一了，一般东北的学生到北平就降一个年级，只好念初三了。到北平怎么念的我没有问他，但他跟我说，差了一个档次。英语不行，原来学日语的，数理化比人家也差。他在哈尔滨时，在班上还是好学生，若是不好的学生也不敢往北平去呀。反正我爸爸说了，爱上哪儿上就上哪儿上，我给你钱。1990年代我去哈尔滨，碰见了哈工大的几位教授，跟我二哥中学同班。聊起来以后，那几个人就说了，哎呀，我们找你哥找了好几十年也没有找到，这下可碰上了，于是他有两个同学从哈尔滨特意赶到廊坊来。我二哥那个时候在廊坊,到他家看他。两对老夫妻特地来看他,也很有故事。

我弟弟是学农机的,是农机专家,我们兄弟只有他一人是科班出身。我考工大,我爹也不管;我二哥参加革命了,不念了,他也不管,都不管。干正事,你愿意干什么,就干什么,但是干什么都得干好,吊儿郎当的不行!你扫大街也得把它扫干净。他的观点是,干什么都一样,没有高贵和低贱之分。

我父亲挣的钱除了供我们兄妹几个念书,盖了一处房产,再就是把钱给我爷爷抽大烟了。我父亲到了东北以后,多少年跟我爷爷都没有联系。我爷爷也不知道他在哪儿,就是脱离关系了。事隔多年以后,1920年代,我爷爷听说我父亲在东北过得还不错,就找到东北来了。后来我父亲给他汇钱,让他买点地,盖两间瓦房。过了几年,我父亲回家一看,还是破房子,全都吃和抽了。他在哈尔滨的时候,我父亲说照个全家福,留个纪念。我爷爷不干,"省得后代以后看见照片骂我。"他念过十年书,明白着呢,可净办糊涂事。

我父亲这个人平常不太爱说话,很少跟我们聊天。聊不到一块的朋友,他也不大爱理人家,最瞧不起的就是吊儿郎当不好好干活的。他最瞧得起的就是从老家来的,有一点文化,又兢兢业业干活的,他喜欢这种人。

他爱管闲事,我也爱管闲事,这可能是遗传基因。1945年苏军解放哈尔滨,把我父亲工作的面粉工厂交给了秋林公司,秋林公司派了一些白俄带着枪来接收。这些白俄里有坏蛋,听说有一个是德国籍的人,不知道因为什么跟我父亲吵了一架,打了我父亲一个大嘴巴。我父亲气急眼了,他自个儿到红军司令部告了一状。他会讲俄文,红军司令部就驻在现在南岗的那个国际饭店,他到那儿告了这帮人。过了两天,这帮人全部撤了,换成了真正的红军来接管。据说那个坏蛋被抓起来了。

那个工厂归秋林公司后。他和另外一个职员,两个人写了一个"呈子",也就是报告,说明这个工厂历史上是中国人的,是张学良从俄国人手中买来的,不是苏联的。他把"呈子"送到了市政府,还管了这种"闲事"。

他也很讲义气。绥化、齐齐哈尔面粉厂机器坏了,他们玩不转了,请我父亲帮忙,他就去了,帮完忙还给一些钱。"不要钱,要钱干什么?"他这样跟人家说。那些人为了表示感谢,有时会给他几袋面粉。哈尔滨有一个"双合盛火磨",设在道里,1950年代初,想让他去这个工厂,负责技术管理。长春面粉厂也想让他去。他觉得道里那个厂是私营的,没去,去长春了。长春面粉厂开始给他的任务是三个月恢复生产,日工资。他好像没用上三个月就给恢复了。然后人家说,活也干完了,你怎么办呢,直接在这儿干吧。他说,可以。在这儿干,工资可得变化了,就是不能按日工资算了。给他定了一个十七级干部的工资,也不少了,100多块呢,工厂里还特意给他找了一间房子。在长春干了几年,后来退休了。退休后在北京生病去世的。

父亲对我们要求很严格,但是他从来都不打孩子。我们没有挨过打,但规矩是有的。一来客人,哪怕我们是在里屋读书,来了客人,必须得过去行个礼,大爷、大娘地叫着。然后他就说两句,"滚一边去吧,不好好念书,犬子没出息。"等我大了一点,念中学,我说,"你别老说我们没出息,不好好念书,我们怎么不好好念书了?来客人你就说这个。""哪有夸自个儿孩子的!"他和现在的观点完全相反,他纯粹是封建礼仪那一套。他没有打过我们,连训斥都没有。我们哥仨儿小时候淘气,他都不打,但是我们也怕他,不打也怕。

母亲给我的印象就是操持家务、和蔼善良,跟任何人都没有吵过架，包括邻居，特别和善。她跟谁都很友好，做一点吃的都给邻居们送。邻居也给我们家送，大家都非常友好。我们小的时候就是我妈妈照顾全家。我二哥说过，他从来没见过我妈妈睡觉什么样。孩子都睡着了她才睡，孩子都没起来她起来做早饭。早饭是热一下前一天晚上的馒头，晚饭都是现蒸现吃。我父亲不爱吃剩的，她就每天晚上蒸馒头。有了钱她也不会乱花，有一张一块钱的票子，今天晚上要买菜，她宁肯吃咸菜，这一块钱不破开，攒着，不把它破成零钱花。她能攒钱，攒了钱买地盖房子。1930年代，我们家在道外滨江火车站附近买了一块地皮，有几间草房，又从银行贷款陆续分两次盖了两个二层小楼，出租。等到1945年5月用租金把贷款还清了。搞房产是为了养老，因为住的是公房，退休后不仅有地方住，也还有饭吃。那时不像现在有养老金，退休后就没工资了，靠自己的积蓄或子女供养。

我妈妈还接济别人。我们家那个时候也跟开大车店似的，老家有关系的亲戚，也来闯关东，都奔我们家来，在我们家打地铺。我妈那些阿城的穷亲戚也是如此。我们家可以管吃，我妈不要钱，一住就是十天半个月的，我爸爸给他们找工作，找到工作了再走，都是如此。以至于我1990年代去老家村里头，那些老头都记得呢，哎呀，你爹可好了，在东北发大财了，回来一点架子都没有，跟我们一块在村里聊天。

# 解放前的哈尔滨

## 特殊的城市

城市是历史形成的,所有城市都有历史,因此城市就必然有历史的传承,这个不能不承认。把历史的传承都搞掉了,等于把这个城市历史抹掉。抹掉历史,无非是想树立自己的形象,认为自己高于一切,高于历史。如果尊重历史,就不会抹掉城市的特色。拿哈尔滨来说,必须承认是俄国人搞的,是完全按照人家那一套来做的,它是个殖民城市,保留这个殖民城市的特色有什么不好呢?这是个历史的见证。

俄罗斯给中国人带来的伤害也是很大的。这种伤害,只不过是年头久远了,发生在一百多年前,渐渐淡出了人们的记忆。俄国人也烧杀掳掠,中国人给他们起的名字叫"老毛子",是个贬义词。叫日本人为"小日本鬼子"。早在一百多年以前,哈尔滨有好多次受到很大伤害,人们叫"跑洋毛子"。什么是"跑洋毛子"呢?就是俄国人来了,连抢带劫,中国人就得跑,就得躲,和日本鬼子侵华一样。我妈在阿城农村也跑过"洋毛子",往山沟里跑。

中国的土匪能治他们,我们管土匪叫"胡子",俄国人管中国的土匪叫"红胡子"。1910年前后,东北黑龙江的牡丹江一带,从哈尔滨以东,这土匪可不简单,有吹号的、打鼓的,有好几百人,相当有规模。我母亲就给我讲过,在阿城一带,土匪曾弄大石头把中东铁路给堵住了,火车就过不去。那个时候列车乘警都是俄国人,中国土匪把车一劫,带枪上车就把那些俄国的铁路警察都给用绳子拴上,然后就挨个搜,耳环、镯子等首饰什么的都抢走,只要有钱人的东西,也不伤人,拿完了吹着号就走了,都跑了。要是山里的土匪进县城,都先给县长打招呼,明儿去到你那儿,一天,预备多少两黄金,多少两银子,几头猪,什么这个那个的,这县长就给赶快准备。那时政府没有那么大力量围剿,谁敢围剿,就要谁小命,土匪就是这样。军阀张作霖也是土匪头,老胡子头。哈尔滨道外,靠江边上的二道街,有个"胡子大院",那里住的基本上都是"胡子"。夏天出去,在江上抢劫,冬天回来猫冬。土匪不伤人,有他们的一套规矩,划着船在江上到处游,就抢地主的钱,清末民初土匪很多。

晚清,东北是俄国人的势力范围,俄国人也在东北掠夺和剥削,俄国人开这样那样的公司,也和日本差不多。开始,开发哈尔滨也是俄国人的一种战略,搞中东铁路,铁路两旁都归它,也是一种占领。中东铁路选线,通向旅顺、大连海港,在东方插一脚。所以从经济到文化,哈尔滨整个城市基本上是按照俄罗斯的风格弄的,软硬件都是。"老毛子"也整货币,然后也坑害老百姓,中国人把他们的钱叫墙贴。因为,有时他们的纸币停止流通,图案也不难看,纸张也好,老百姓无奈,就给贴墙上了,权作墙纸了。当然,对俄国货币也还有别的说法。

修铁路需要大量的工人,大多是中国人,盖房子也是中国人干的。现在看到的道里俄国圣索菲亚教堂也主要是中国工人砌的砖。负责修复该教堂的田健建筑师告诉我,那时工人砌砖不是砌得越多越好，而是每天限砌多少块，多了不行，因为那样就保证不了质量，而且那些异型砖是很难画出施工图的，主要是靠俄国建筑师现场指导。

道外则完全是中国的一些特色，什么都有。因为来的人是各式人等，什么戏园子、妓院，什么烟馆都是全套的，做生意的也不少，沿街像正阳街，全是做生意的，南面的货往北面弄，北边的货往南边弄。楼上住人，楼下做生意，后院也住人，后院经常是两条街在里面通着。头条街盖一个楼房，有一个大门洞，通过大门洞就跑到二条街上了。甚至澡堂子，小门脸进去，大澡堂子在里面呢，院里还住人，四合院、三合院的，房子基本上是砖木结构外廊式，那么冷的地方，搞个外廊，是为了少占空间，降低造价。外廊的楼梯在外边，它不占用室内空间，这就起码腾出两间屋来，就是为了通过，上楼梯爬上去，进屋了，所以房地产开发商很讲究这个东西，少投资多收益，宁可搞外廊，道里有好多地方也是这样。

哈尔滨是俄国人规划的，选址都是俄国人选的，中国人那个时候拖着个大辫子什么都不懂。在从前的哈尔滨，俄国人集聚区是道里、南岗、马家沟这三个地区，和西伯利亚没什么区别，道里只有一部分中国人与俄国人混居，就是中国几道街、外国几道街。这边外国几道街，那边中国几道街是混居。以前道里驻有一个俄国炮兵部队，所以叫"炮队街"。靠江沿儿不是有个"警察街"吗，就是因为那里有俄国警察署，地名都体现这个问题，中央大街一度叫"中国大街"。中央大街沿街就是俄国人的，沿街店铺99%都是俄国人的，老板工作人员全是俄国人。其实，这是简化的说法，具体讲有不少是犹太人。店名招牌全是俄文，没有一个中国字，所以不会说俄语就不行。后来我到莫斯科以后，发现秋林公司的售货方式和莫斯科百货大楼是一样的。比方说你挑好了，行了，就给你开个条，不给你货，你拿着条，到另外地方去付款，付完

图2 这是1935年的哈尔滨火车站。从照片上不仅可以看到车站建筑，还可以看到那时市内的交通工具是小卧车与马车共存。这座火车站是在"文革"以后拆除的，其实留下它并不妨碍修建新的更大的火车站。

了款，给你盖一个章，再拿着条到领货处去提货，提货的时候也要交款发票，它两个发票对起来，然后给你包装，履行三道手续，不像咱们交了款在柜台上提货走。

中国人到哈尔滨落脚都在道外，山东人在哈尔滨居多。山东这个沿海地带，人口密集，受帝国主义侵略早一点，无法生活，所以山东人过去闯俄国的人就多。在东北如有一个人先去落了脚，就可以把全村的人都带来，中国人的乡村观念很深厚，而且山东从烟台可以坐船就过去了。他们到海参崴叫"闯崴子"，那是俄国的地方。海参崴原来是中国人的地方，后来中俄条约划分给人家。山东人就是在那儿闯荡，然后又回到哈尔滨，在那儿发点小洋财，回到哈尔滨做买卖。他们懂俄文的人多，到哈尔滨成群结伙的，就是黄县、掖县人，就依靠着社会关系生存。没有社会关系，就生存不了，要找工作、学徒什么的都要有铺保，就是商店做保，然后订合同。没社会关系，就没人给你做保。

哈尔滨的河北人少一些，河北交通不方便，山西人在哈尔滨的就更少，交通不方便。道外有很多同乡会，是一些社会群众组织，那个年代，社会有它的一种生存方式。像我们老家河北束鹿，它有同乡会就叫"束鹿班"，就是束鹿的人在那儿掌权，为束鹿人办点事儿。

从道里往西有一个俄文叫"那哈洛夫卡"的地方，意思是无赖汉住的地方，中国人叫"偏脸子"，那是一个湿地，那里搞了一个铁路工厂，是个大工厂，但住的都是中俄两国的工人。再往西这边儿都是苇塘湿地。

正阳路一带，都是日本人侵占时代开发的。日本人侵占哈尔滨14年，只占了地段街、买卖街、一面街那一小区域，他们无力侵占很多地方，也没有把哈尔滨的个性改掉。因为俄罗斯的特点太强势了。南岗区日本人占了一部分，俄国人一部分，日本人很少，日本人就是机关在那儿。哈工大附近大都是俄国人，是铁路局的发源地，那儿住的基本上都是铁路员工。马家沟就等于郊区，就是现在省政府那一带，都是小洋房，占地又大，又有前后院，是俄国人的风格。小洋房两层楼，养牛、养马，出去坐马车，和俄国作家托尔斯泰、果戈理小说里头描写的差不多。

那个时候中央大街每天早上六点钟马车就开始跑了，面包房马车开始出现。马路和现在的莫斯科红场一样，方块石头路。那个时候只有中央大街是这样，它很少有翻浆的。道外是中国人的，但是建筑上受到了俄罗斯的影响，哈尔滨建筑工程学院给起了一个名，叫"东方巴洛克"，它就是中国的工人给俄国人盖房子，交流学来的，房主也想弄成那样。

哈尔滨的江北原先都是俄国铁路高官度假的地方，有许多很小的木板房，很零散，东一个，西一个。太阳岛有一个餐厅，叫"敏娘鸠尔",就是拐角那个地方,上下都是通透的,就和一个大船一样。道里江岸顶头那个地方,有个铁路俱乐部,现在还有,那是铁路局的高官和日本高官去的地方。中国人几乎很少去,东西很贵,我1948年进去过。解放后还是归人家中长铁路管了一段时间。

哈尔滨的中国人、日本人、俄国人的等级区分很明显,他们的生活区域界定也非常清晰。南岗马家沟以俄国人为主,中国人都在道外、偏脸子,偏脸子俄国人也不少。新阳区、道里基本上是中国人、俄国人。在中央大街上来往的行人中,基本上就见不到中国人。而在道外,就全是中国人,街上见不到俄国人、日本人。道里、南岗的商店里进进出出的都是俄国人,道外是中国人居住、活动的场所。所以这个殖民城市的特征非常显著。人们活动的区域都集中在本民族聚集的范围内。

俄国人盖的房子,有上下水道,甚至有暖气。它有一间的,小两口就住一间屋,一间屋大概也有20平方米都不到。然后有小

图3 这是1935年哈尔滨附近珠河县火车站。从照片上我们可以看到,车站上有中国人,但是俄国人还占多数,说明俄侨之多。

厨房、小卫生间、一个小过道。甚至有煤气炉，日本人搞的煤气炉。在地段街有一些俄国人的房子，很讲究的，三层楼就有六户，又高又大，出去有个院。铁路官房都是前后两门，前院种花草树木，后院放木材和煤炭以及各种用品。后门一进去就是厨房，包括日本人都是这样。

　　道外建筑吸收了俄国人的一些东西，特别是立面上，但是里面不一定，保持了中国人的本色。厨房用大锅，贴饼子、做菜都用这一个大锅，底下放劈柴，一烧屋里火炕也热了。在道外这是中国传统的生活方式，在道里你就看不到了，就不一样了。房间虽然小，但是生活还是很方便的，采暖这些因素都考虑了，做饭的同时屋子就采暖了，做三顿饭这屋里就三次供暖。还有些房子比较好的都有火墙，墙是上下走烟道，做着饭就把墙烧热了，这屋里就热了。当时，冬天都封窗户，两层窗户，都用纸条糊死，不透风。讲究一点的，锯末上头放装饰的白棉花，再放两块木炭，

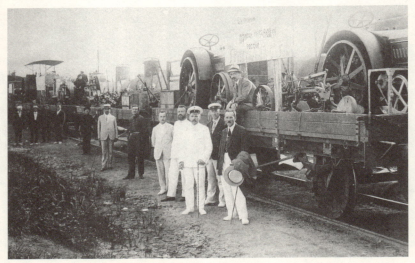

图4　这是1923年拍下的运载拖拉机的中东铁路列车。照片上都是俄国人，戴白色制帽的都是俄国铁路职工，其余可能都是商人。

上面剪些纸花放上,这也是一种生活情趣。火墙讲究一点的,外面钉一层铁皮,刷上黑漆,不是装饰,而是保温,屋子就很舒服。做完晚饭,这热气会留到晚上睡觉时候。有的在房间内还放一个铁炉子,烧水就同时解决了取暖,叫大炉子。烧着大块煤,水壶在上边开着,屋子里有湿度,它有一种非常好的生活方式,在铁路官房,南岗现在还保留着一些,可以看到的。

## 多文化的交融

1930年前后,在哈尔滨什么都能学到。因为俄罗斯贵族过来以后把文化带过来了,精英带过来了,甚至很多贵族把家庭教师都带来了,他们的家庭教师是法国人居多,用法文来教孩子学习。那时,在哈尔滨中国人学俄文的不在少数,俄国人开俄文培训班。而且要学音乐、舞蹈,也能够找到够水平的老师。为什么那么多俄国人?就是因为十月革命,跑过来很多贵族,这是一个原因。原因之二是再早一点,俄国人到这儿淘金,那是发财的好机会,好地方,各国人都往哈尔滨跑,它正在开发,蒸蒸日上。道外是中国人发展的,其他地方如道里、南岗都是外国人开发的。俄国人来的最早,修铁路需要工人,关内就去了好多人,闯关东——到哈尔滨好找工作。原来哈尔滨道外那边叫"傅家甸",就是有一个马车店,是姓傅的开的。

1946年哈尔滨解放时人口有80万,不算少;再早1930年左右也就二三十万,人口不多,但是外国领事馆很多。中国人进秋林公司的没几个,不是不让进,是没必要进去,不懂俄文就买不了东西,因为售货员都是俄国人,售货员都不懂中国话。各国家的人在哈尔滨用的都是俄语。日本人不用俄语,波兰人、犹太人,统统讲俄语。俄语是一个通用语言,在哈尔滨当时就是这样子,俄罗斯文化属于强势文化。

我之所以能够接触到日本文化和俄罗斯文化，因为我家住的地方正是道里、道外之间的交界地带。我父亲的生活全部都是在道外的，他不去道里。我们哥几个是道里、道外都跑，买一点东西去道里，挺近的。道里那边就是一面街、地段街，全是买卖。水道街是中国人、日本人和俄国人混居的区域，但是主要的就是日本人。"丸商"——最大的一个百货公司，是日本人开的。我经常去那儿买一点日用品，吃的什么的。我爸爸抽香烟，1942年以后道外买不到，就让我去道里一面街日本人开的商店里去买。

牛奶什么的都有，我小时候就有日本的明治牛奶。在杂货铺买麒麟啤酒，人家日本到现在仍是老牌子。我1980年到日本，他们一上麒麟啤酒，"哎哟！"我说，"这个图案我都清楚啊！""你怎么清楚啊！？你不是头一回来日本吗？"我说，"是，可我从小在东北就喝你们这个，我爹喝，我就跟着喝两口。"他们特别高兴。当时哈尔滨全有，也有明治的巧克力糖。日本商人在那个时候还是挺维护商业秩序的，他们也讲诚信。中国人去买东西，照样卖你，不会强买强卖。日本的点心我挺爱吃的，里边是豆沙的，各种各样的。我到日本人的点心铺去买，都是很客气给你包装。还有晚上，每天晚上出车卖"今川烧"，很便宜的。上日本商店去买铅笔等文具都挺客气。人家还是把顾客当成"上帝"的，不会因为是中国人就不讲诚信。我14岁到银行（日本兴业银行）替我爸还款，童叟无欺啊！根本不排队啊，我拿着东西去还款，贷款嘛，借的钱。那个日本女（服务员）的在柜台那边，站起来先行礼，然后问"什么事？"我连钱带手续都给她了。她说，"请你稍等。"然后她就离开柜台这办那办，一会回来就给你，一摞都摆好，这是什么文件，这是什么文件……你说："可以了，再见！"她还给你行礼，"再见！"，很规矩。因为他们要经营赚你的钱嘛！

因为我念书学了一点日语，会说几句，那个商店店员都是日本人，不会说中国话，不会日语的人就去不了。通过这些渠道，我也接触了一些日本文化。买笔记本，买书，到日本人的商店。因为那个时候中国的文化产业基本上停滞了。我第一次知道孙中山、蒋介石还是1944年看日文的历史书知道的，那是一本在日本出的《中国近代史》的小册子。我知道毛泽东、朱德是1942年。我们老家是冀中游击区。1942年日寇大扫荡，冀中农村生活很难，我三叔就带上三婶逃到哈尔滨避难。是他给我讲八路军打日本，并教我唱抗日歌曲。到现在我还记得其中有一句是"有朱德、毛泽东，民族的英雄……"但每次讲完，都再三嘱咐我不能出去说，也不能唱这歌，若传出去，会掉脑袋。我见到毛泽东、朱德的照片是1945年冬天在道外一家照相馆的橱窗里。

我小时候喜欢跟俄国人玩，不喜欢跟日本人一块玩儿，因为一玩就打架，还是与民族情绪有关系——受压迫。他们也不愿意跟你玩，他们跟你玩就欺负你。比方说，小孩嘛，七八岁在一块玩，他弄的木头机枪玩具，他一摇就响，其实也没子弹，咱拿个木头枪，没那个摇的呀，就感觉打不过人家。回家就跟我妈说，给我买一个。我妈就给我买了一个，也拿着跟人家摇，摇着摇着急眼了，就上去了，就打起来了，然后就跑，跑远了就扔石头子。跟俄国人在一块做各种游戏反倒相处很融洽。过了春天四五月份，彩蛋节，他们煮的红鸡蛋，染的红颜色。他们每年都给我，一块儿玩，塞两个。我们就给他们点一些乱七八糟的吃的。我们交流用俄语、汉语，乱七八糟，都有，连比划带骂、带喊，基本都能听懂，反正听不懂就比划呗。

前几个月俄国远东来了一个中学生足球队，我们输得很惨。我小时候在哈尔滨念书，全市运动会，俄国小学、中国小学、日本小学、朝鲜小学，四个民族的小学，每次比赛都是俄国第一，日本第二，朝鲜第三，中国第四，这就是历史，但也体现了各自的特色。我小时候跟俄国孩子在一起玩，总是他们赢，咱中国孩子不赢，为什么？俄国孩子跑着跑着看到前面一块石头，一下子跳过去了，不怕摔。像我这样的，看一块大石头停下来绕过去，别摔了，这不就第二了吗？中国人这点儿小聪明有，玩命的事不干。我们常说人家"傻帽儿"，他们俄国人，就有这个傻劲，一个傻劲就上去了。

图5　哈尔滨南马路小学1943年毕业班合影于1943年夏
右立女班主任申玉筠，左立教导主任杜老师。二排右5是杨永生。

感觉哈尔滨20世纪30年代那个时候的生活还是可以的。从衣食住行来说，衣，中国人基本上还是原来那套，就是冬天穿棉袍，夏天穿中式褂子。有一些社会活动的人就不一样了，全是西服。像我爸待的那个工厂办公室职员都是穿西服的，再就是穿日本的协和服，但很少。那个工厂留了几个俄国人，一看就知道沙皇那套，举止行为都不一样,很讲究的。还有一些俄国的难民,当打更的,值夜班的,那又不一样,层次低得多。道里有很多日本饭馆和俄国饭馆。道里的房子一般都带地下室,小饭馆基本上都开在地下室。那时候吃西餐还有一个特点,面包不要钱。跟欧洲其他国家是一样的。随便要,吃完了挺好吃,再来一盘!像我哥在一中念书的时候,几个同学搭伙去吃西餐,猛吃面包,把老毛子吃得胡子都撅起来了,中学生能吃着呢!

在我的印象中,那时候的小饭馆都是很干净的,做菜的厨师手艺很高超,我觉得都很好吃,到现在还留下很多很深的记忆。一次我跟我叔叔下馆子,能吃到溜猪肚领,猪肚里面抠出来的,就专吃那个位置。辣子鸡里面有辣椒、青椒,鸡块大小很均匀,外面咬是脆的,里面是嫩的,现在我都没再吃过那么好吃的辣子鸡。我觉得那时小饭馆经营思想跟现在不一样,不是几十种菜,它只有四五种菜,但全是拿手菜,吸引回头客。酱菜,什么卤肉等等,一大玻璃柜,晚上点上灯泡,你要哪个,切多少,一两、二两,切给你。饺子呢,顾客瞅着厨师在那儿包,几种馅,现包,现煮,现吃,来一碗高汤是不要钱的。喝点白酒,有一个大缸子烫着酒,给顾客倒上一小壶。进来服务员点个头,肩膀搭一块白布,把桌子擦一下——请坐。喝什么茶,给你敬上茶,不要钱。小碟,碟底下有一张白纸,擦擦筷子什么的,非常舒服。道外那边虽然乱七八糟,什么都有,可是这些吃饭的地方都是不错的。大餐馆道里、道外也都有,可以开几十桌,结婚呐,宴请宾客,几十桌都可以。翅子席,就是带鱼翅的,海参席是最次的,分两三等呢。

我在哈尔滨也吃过俄罗斯大菜,总的说来哈尔滨的俄罗斯大菜比莫斯科做的还好吃。1949年,请来苏联专家,他们都说哈尔滨的西餐比莫斯科的味道还好。这也不奇怪,因为俄国贵族十月革命后逃到哈尔滨,把大厨都带过来了。解放初期,在沈阳"中长路办事处"招待苏联专家,中方给他们提供纯粹俄式风味大餐。据苏联专家讲,比他们在苏联大饭店里吃的还好。这也难怪,那些大厨师都是从哈尔滨、沈阳各大饭店请来的。要知道,其中不少人是随俄罗斯贵族迁来东北时带来的家庭主厨,即使在俄国也是顶级大厨。可惜,我们现在已经找不到他们的真正传人了,这一份俄罗斯非物质文化遗产,人家给送上门来,被我们给丢失了,如今失传了。

我一个亲戚同苏联商务参赞做生意,有一个礼拜天跑到我家来,让我当翻译。我说才学一年,怎么当翻译?他说没有办法,找不着翻译了。这样我就跟着去苏联那个商务参赞的家里,是在偏脸子和道里之间的一个洋房里。那个苏联人请客,然后带着他老婆,大家坐车到江上俱乐部去。下午三四点钟,人很少,除了我们大概还有两三对俄国人,照样给你吹喇叭、奏舞曲,桌子都在边上,中间有个舞池,跳交际舞。我就是胆子大,敢说,反正一个一个问题给弄明白了。那位苏联太太叫我跟她跳舞,我刚学会,1947年刚入哈工大,冬天开始学的,折腾到晚上。这个俱乐部外边还有一个廊子建在水面上,

图6 建于1935年的中东铁路游艇俱乐部

底下是水，在廊子里坐着喝饮料，脚下是江水，远处是苇塘，一望无垠，近处是松花江水湍湍东流，真是高级享受。前些年我又去看过，想找回一些记忆，所见竟是乱七八糟的环境，人家那个小院，种的花草树木非常整齐，而那些水廊已经没有了，室内啥样无从知晓，那也是下午时光，却锁着门。

我小时候在哈尔滨愿意跑，愿意看，俄国人的教堂我都进去过，都可以随便看。南岗那座"文革"中被拆除的圣尼古拉大教堂，我在1948年进去过。给我留下的印象是里面黑洞洞的，没有采光，只能见到香案和蜡烛，而嗅到的是俄国宗教的那种特殊的香味，还能见到两三位留着大胡子的神父穿着黑色长袍。我还感受过俄国人的侨民会，新年舞会，人很多。那阵我也不会跳舞，就是看热闹。有同学认识秋林公司职员给带进去。然后看见人家都是穿的布拉吉①，小高跟鞋，手里拿着玻璃杯，里面有葡萄酒、汽水什么的。我们那时候还小，就是开开眼界，坐在旁边，这屋串串，那屋看看，还有化装舞会。后来参加工作后我到苏联去一看，也是那一套，这些我以前在哈尔滨都见过。

## 缺吃少穿的日子

日本人刚来的时候，人们就能感受到他们是在侵略，那是很明显的，中国人都知道。整个气氛很紧张，中国人很抵触他们。人们的生活状况比张家父子那个时期差多了，但是有饭吃。"七·七"事变以后，特别是太平洋战争以后，日本侵占时期市民生活每况愈下。到1938年以后就逐渐不行了，尤其在1942年以后，缺衣少吃。主要是日本人实行严格的经济控制了，日本人

---

① 布拉吉，俄语发音，连衣裙的意思。

也穷了，打仗都打没了。学生有时可以买一套衣服，有一年还是更生布。缺吃少穿，连我们穿衣服都得打补丁了，买不到布了，棉花也买不到了，物资开始极度匮乏了。日本人还好一点，中国人已经不准许吃大米了。中国人吃大米就是"国事犯"，犯法了。肉都买不到了，吃油更没有。我至今还清楚地记得三个春节除夕夜是怎么过的。1945年除夕夜，我们家在小市上偷着买了几斤大米，吃了一顿米饭。可是一锅米饭都放在铁床底下，怕日本人看见。1946年除夕夜正在吃饭，有一位苏联士兵闯进来了，笑嘻嘻的。我爸问他有什么事，他说，没事，看看你们中国人怎么过节，吃什么，等等。我爸给他倒了一小杯白酒，一饮而尽，又笑嘻嘻地吃了一口红烧肉，就走了，可把我们吓坏了。第三次是1947年春节除夕夜，哈尔滨解放了，虽然内战已经开始，但哈尔滨吃什么有什么，不用怕这怕那了，十多年来头一次过了一个舒畅的春节。

　　从1943年开始，我身上就长虱子了。开始长虱子我都不知道，夏天洗背心，洗完了晾在院里，我说，"妈，怎么我这个背心有小黑虫啊？"我妈过来一看，"这孩子怎么长虱子了，还小黑虫呢！"我以前没见过，冬天的棉裤里都有。1945年日本一投降虱子就没有了，这与饮食、卫生都有关系。那时候衣服也不怎么洗，棉衣没有办法拆洗，也因为吃的不行，没有油水，穿的就是一套衣服，没有换的，反正就是不卫生。

　　但日本一投降，连虱子也没了，生活立马就改观，买肉也有了，买米也有了。开始改观是很有意思的，日本一投降，苏联红军还没有占领，中国人就开抢了。抢日本军用仓库，军用仓库里面什么都有，大米、白面、军服、毯子，日本的呢子军服都抢出来了，抢出来摆摊就卖。其实也没有人组织，老百姓自发地抢。东北都是这样的，自发地抢，自发地打小日本，那时小日本都不敢出屋，不敢上街。街上的苏联红军一看见小日本就开枪。有的时候也打错人，他们看见穿草绿色衣服的人就打。中国人到了街上全换黑上衣、白衬衫。我们不敢穿学生服了，学生服是草绿色的，跟日本人容易混的，出去了以后，苏联人也不认识，会被误伤。我在窗户上看到，中国人把小日本打得满街跑。但那也就是一两天之间的事，后来就见不到了。日本人一宣布投降，立马气数就没有了。是我哥中午回来说，看小日本都在办公室趴在桌子上哭呢，可能投降了。下午听说是真的投降了，天皇讲话了，他们立马全老实了，耷拉脑袋了。

最困难的时候是1942~1945年，真是没有吃的。我们家那个时候还算生活比较好的，那也不行。工厂生产的白面由日本人看着，也不让中国工人拿了。但中国人有办法——偷！我记得有一次偷得很厉害，1943年冬天，夜里一个打更的日本人，后半夜睡着了，有人在那儿看着他，中国人和俄国人联合起来从车间里把好的高粱米，一麻袋一麻袋地往家里拿。大伙分工，谁负责看着哪一个日本岗哨，走哪一条道，往住宅区里面扛，然后大伙儿分。我们家也扛了两麻袋，两大麻袋高粱米够吃好几个月了。没有办法了，要不然就得挨饿，吃橡子面乱七八糟的。但那次日本人真的没发现。那些工人弄的还是很有技巧的，大家都是联合操作的。加上我父亲掩护大家，日本人就没发现。

但是有一次，他们把日本人惹急了。那次不知道是谁，把工厂机器运转的皮带偷走了。然后日本人不干了，把所有的工人都关到二层楼上去了。我父亲也跟着进去了，中午进去的，后半夜才放出来。没有进去的、不当班的工人，夜里从水管子扔馒头给里面人吃。他们爬到房顶上，从上面漏水管扔馒头，扔咸菜。这个都是我亲眼看见的，那时我已经十几岁了。那次日本人无果而终，倒也没把那些工人怎么样。

这期间也闹过不少的事。有一列军用火车，装了满满一车厢的白面。半路上着火了,后来把那个装车的头头给抓起来了,蹲监狱了,一直到日本投降才放出来。

我们家那时候还养着猪呢。我跟我二哥两个人,天黑了拿一个大铁桶,看没有人的话,拿刀子把院子里垛得很高的高粱麻袋划一个口子,拿铁桶接流出来的高粱,一铁桶够猪吃一个礼拜的了。一个人放哨,一个人偷。三四月份开始养猪,到春节前就杀了,够吃一冬天的。我那个时候十三四岁,我哥哥十六七岁。冬天没有劈柴,偷去!工厂有铁路的轨枕,松木的,好烧。夜里八九点钟没有人的时候,那么大的枕木,我们哥俩一人一头,扛一根回来。弄回来了,我嫂子给开门,放哨。拉大锯,锯成一段一段的,用大斧头,劈成一根一根的,特别好烧。

日本的军、警、宪特欺负中国人,连打带骂的。虽然日本普通老百姓之间也有欺负中国人的,但没有太多。比如我们住一个院的日本家属买菜,早晨起来到院里买菜,她和中国人一样排队,她不会因为她是日本人就挤到前面。日本的妇女,也是挺客气的,一见面就行礼。然后就站那儿。有一个日本妇女,三十岁左右,她的孩子跟我年纪差不多,我对她的印象就很好,她待人就很客气、很有礼貌。但是日本投降以后,有一天我看见有人用担架把她抬走了。有人说她被白俄强奸了,她的丈夫上前线了,我看她特别可怜。

也有个别的坏蛋。有一个小子叫秋本,我记得特别清楚,20多岁,在工厂里跟我爸学技术,管我爸叫干爹。但是那小子脾气很坏,经常打骂中国工人,中国工人不敢打他,他打中国人嘴巴,这小子太坏了。后来我爸爸就说,你再打我们中国人,我不要你这干儿子了,我也不教你,你爱上哪儿上哪儿!他到我们家来过,我认识他。我爸说,从那以后秋本老实了。没多久,据说,他被征兵去前线了。

日本人侵占时期的中学，要考试，也交学费。虽然钱不太多，但要求学生报名时填报动产、不动产，家里有钱没钱。要是太穷了，他也可能不收你，它的限制也很多。日本政府在中国实行的是一种奴化教育，基本上就不让中国学生学到什么文化。中学很少，哈尔滨就三个男子中学，一个女子中学，还有一个师范中学。中学就念四年，原来是六年。到1942年以后，再加上半年劳动，学生就学不到什么东西了。它有意识地不教，普通中学给改成职业学校，就是培养技工，干活的。中学就分专业，有商科的、有工科的，还有什么水产科的。虽然分专业，但也没人教，就是混日子、干活。一年有半年"勤劳奉仕"，就是劳动干活去，念中学就是这个，根本没有学到什么东西。"伪满"的国高就如此。上学也学不到什么东西。

我们这批在东北长大的人，1930年前后出生的，满洲国日本侵占时期上的学，基础教育不行。日本实行的奴化教育，学日文，他也不好好教你文法，基本是瞎混的。我在中学学了一年珠算，只学加法、减法，乘除法还没学，他们就是骗人的。那些老师也是混，在日本没有职业，到中国混个差事。所以说日本奴化教育，耽误了一代东北人。1930年代，日本人接收哈工大以后，很少有中国人，不让中国人上，很难考的，除非家庭有社会关系，再就是学得特别好，否则的话进不去。日本人侵占时期的哈工大考不进去，所以我们这代人没有科学家。所以我们只讲日本怎么掠夺煤炭、木材，怎么欺负中国人，实际上在教育上实行的这种奴化害了一代东北青年。我们中国人就是大度，如果让日本赔偿中国人的损失，连同误了中国一代青年的精神损失，你日本经济再发达，也赔偿不起，那些不认账的少数右翼分子想想吧。

日本侵占时期，哈尔滨的百姓生活还是三分天下——中国人、日本人、俄国人，那时候中国人看病基本上是中医，也有西医，西医都是南满医学堂毕业的，然后就是俄国大夫、德国大夫、犹太人的大夫。我小的时候找中医，后来大了，随着时代的进步，就找德国大夫看病了。我小时候得过一次白喉，很严重。找中医来看，大夫说，孩子完了，预备后事吧。我大概两三岁，我爸爸说死马当作活马医吧，反正大夫也说完了，我来吧。他拿筷子弄上药棉花，用酒精烧，烧完了以后消毒了，蘸着酒精往里捅，一捅白喉破了，吐出来脓血，活了，也没上药。结果后来我到北京看病，人家大夫说我嗓子里面有一个伤疤，我说那是我爸爸捅的。之后得过肋膜炎，找西医大夫看，就是道里二道街、三道街附近，私人诊所，也挺有意思。大夫是南满医学堂的博士。三间屋子，一间屋四周围全都是皮沙发，就是病人休息，一间屋子是他看病的，一间屋子是药房。他小老婆在那儿当药剂师，还雇一个护士。上午门诊，下午出诊。我肋膜炎积水他给我抽，抽两次，后来不长了，治好了，他有两下子。然后我又得肺病，找一个德国医生，那个人中国话不太会说，遇到复杂的病情他有翻译。挂号一次十块，很贵的，还得早起去，一个上午就十个号，多了不看。下午出诊，重病人他介绍住德国医院。道里六道街或七道街附近有一个德国医院，叫德俄医院。我爸爸有一次病得很重，就住那个医院，条件非常好。不用家里带吃的，全部都是医院配餐，还有水果。吃饭患者不用动，护士给喂。所有的工作人员都是俄国人，又干净，又规整。这个德国大夫能介绍病人住进这家医院。他每天下午去看他的病人，从头负责到尾。他开的药到俄国药房去买药。就是费用太高了，记得我父母把结婚戒指都卖了，才付了医药住院费。

# 求学之路

## 解放前

我念书很早，5岁什么也不懂，就去上学了。每天跟我二哥跑来跑去的。他要上学了，就带着我也上学了。道外南马路小学，从我们家走过两条马路就到了。可是我太小了，第一次考试回来了，拿了成绩单，我一看64，不错！60分及格，我得64分。给二哥一看，他说，狗屁，67个人，你考64名，倒数第4名，这个是名次！我还跟他犟，"不对，60分及格，64分。""得，你犟吧，我也不管你了，等爸爸回来再说。"我实在是不明白。我老爹回来了一看，扑哧笑了，考倒数第四名！但他也没说什么。

我们上课，日本老师讲"尚武精神"，我就想，上午是有精神，下午就困了。"尚武"，就是上午！背"康德皇帝诏书"，第一句话，"朕自登基以来，极思躬访……"到现在我也可以背几句，可到了20几岁才知道"朕"是"我"的意思，皇帝自称"朕"。"极思"不懂，吃的"鸡丝"，就是按照那个音，"鸡丝面"这个知道，"极思躬访"不明白。背日语也背不下来，经常挨手板。老师把手一掐，就拿板子打手心。有一次真把我吓坏了，老师说，"你也背不下来日文，干脆我把你脑袋塞在炉子里给你烤一烤吧？"也是中国老师，他把我吓坏了。

我上四年级,大哥说不行,你这样念下去就完了,老是排在后面,给你降一班吧。到四年级降了一班,念了两次四年级。一降班就行了,缓过劲儿了,开始明白事了,有一次全年级考试,算术考了 100 分,就我一个!每个学期考试都是十名上下。老师也挺喜欢我的,我妈妈把我收拾得干净利索,不像别的孩子那么脏了唧的。老师让我当监护生队长,就像现在的三道杠。就是早去半个小时,把大门——衣冠整齐,进去!刚上学的小孩还得给监护生行个礼。学生打架了,就管管,一个星期值班三次。老师去道外平安电影院发表关于戒毒的演说,跟着老师去在那儿站班。

我的小学就在这个起起落落的过程中念完了。我念书的那个小学还是不错的,我的印象中几个老师都很好,到了 1940 年以后就比较差劲了,这跟整个的形势都有关系。日本开始侵占东北,是要把东北搞成他们长期统治的殖民地。但我们民族情绪持续高涨,整天抗日活动不断。我小时候就听说过警察在公共汽车上逐个搜身,说是赵尚志进城了。

我念小学的校长就是日本人,念中学有的日本老师开这门课,开那门课,他不懂中国话;上国文,古文就是中国人上课。你学专业课有的时候就是日本人教。

我们也挨过老师打,打嘴巴。我念中学挨过三次打,一次是放寒假抽了我们三四个人在办公室做值日,给他们老师打扫打扫卫生,倒倒开水,上饭馆给他们中午要一碗面,就干这些杂七杂八的事。早上八点钟上班,晚上五点钟下班,也不给钱。到下午两点多钟我们一看,礼拜六老师也很少了,上图书馆吧,我们四个人上图书馆了。等到四点多回来,五点下班,一进门碰见教导主任香川先生了,"哪里去了?""图书馆",就在门口,二话没说,一人两嘴巴子,四个人八个,"啪啪"进去,"啪啪"进去,进屋完事。

我们一人挨了两嘴巴，他也没说别的什么。据说，此人有反战情绪，后来被日本宪兵队抓走了。不知道是真是假，反正见不到他了；还有一次学校搞"参拜"；日本人建忠灵塔，就是把死亡士兵的骨灰，放在马家沟那儿。有一天说不上课了，去忠灵塔参拜，跑步过去，行个礼，回来，下课回家。那天我穿了一双新买的皮鞋，从道外往马家沟跑，累死了。那还是中国老师把我叫出列，"今天去忠灵塔，谁让你穿这么好的皮鞋？"啪啪两嘴巴子。我心想，你不高兴了打我，我怎么知道今天跑步不跑步？那时候中国老师跟他们日本老师学的，也打人；还有一次下课了，我跟两个同学闹着玩。我说，谁放屁，这么臭。我指着那个同学说，可能就是你。那个同学说，没有的事，瞎赖！"赖什么赖，我都闻见了。"老师不知道怎么就听见了，"说什么呢？""没什么。""没什么，说什么？大声嚷嚷。"老师的意思是休息时间吵架，"互相打嘴巴。"也是上一位中国老师，还是师范毕业的呢。都是好同学，下不了手，我们就比划了一下，"不会打嘴巴子？给我使劲点，要不我教你怎么打。"我就瞅瞅那同学，啪啪给他两个嘴巴，他啪啪给我两个。然后我们俩坐哪儿笑了，这哪儿跟哪儿啊！？中国的老师对中国学生也那样，学日本人。那时候日本受军国主义影响讲究上下级关系。二年级学生可以欺负一年级的，四年级最大，他们统管，到现在也如此。我念书的时候也这样。

我学习兴趣的培养得益于我二哥。他比我高两个年级，学习很好。他会画画，在全哈尔滨市的水彩画比赛，他得了第二名。我家墙上的那幅油画就是他70多岁的时候画的，他也得益于一位吴姓的老师，教绘画教得很好。1930年代，小学的教学水平还可以的。他有些同学的家庭比较有文化背景，从他们那里借来巴金的《家》，天天看，我也就跟着看了。一看挺感兴趣，尤其是书中的觉慧对我们影响很大，借着这个机会又看了一些乱七八糟的书，尤其印象深刻的是看了一些日本出的欧洲17、18世纪的美术全集，大本子的，印得非常好。也有一些裸体画，拿回家之后把我妈妈吓得够呛，甚至到我爸爸那里告状。还好我爸爸思想比较开放，他接触过外国的文化，对我们的行为持有比较包容的态度。

## 解放后

1946年哈尔滨解放以后，常有一些面向中学生的报告会，像萧军①就给我们做过一些报告，我特感兴趣。他办了一个鲁迅文艺大学，每星期上半天课，我就报名去，也不交钱，也没人管，随便进出，就是听。通过萧军的启发开始接触新文学。开始，他的课有很多人来听，中学生、青年干部、社会青年，后来不知为什么来上课的人越上越少，最后就剩十几个人了。我是中学生，不知道怎么回事，后来我才知道萧军挨批了，有很多人不敢来了，我当时不明白。

有意思的是大约在1987年我们又见面了。有一次在民族宫，有一个报社创办搞个酒会，我离老远就看见萧军来了，没人接待，也没被请到主席台。主持会的报社社长，跟我是好朋友，我说，"萧军老先生来了，你们也没人招呼一下。"他说，"是吗？我不认识，下边人给请来的。劳驾，劳驾，你帮我招待招待，求你了，求你了……"当时艾青那些文学家都在台上，就把萧军先生晾在一边了。我就过去了，我说，"萧老，您好啊！我是你的学生。1947年，我16岁，中学生，我听你讲鲁迅。我那时候小孩啊，听你的课，

---

① 萧军（1907.7.3—1988.6.22），原名刘鸿霖，出生于辽宁省义县沈家台镇下碾盘沟村，即现凌海市所属大碾乡人，笔名三郎、田军、萧军。1934年10月创作了著名的《八月的乡村》。《八月的乡村》的出版不但显示了抗日文学的实绩，也奠定了萧军在文坛上的地位。从此，他与萧红成为"东北作家群"的著名代表。

很受启发。"我说,"你还记得不,有一次在电影院你讲了三个小时,喝了十瓶汽水。"老先生听了更高兴,那是很深切关注的。老先生问,"那我挨批,你没跟着吃瓜落吧?"我说,"没有,我那时候孩子呢!我才十五六岁,那时候我是不入流的小青年,但是我一直关注您。"我们聊得很高兴,聊了好长时间。临分手的时候老先生拿一个小本,边写边说,我家住在后海那儿多少多少号,我的电话多少,有空儿到我家聊天……可是从那以后,我也没给他打电话,也没去拜访过他。我觉得老先生80多岁了,打扰人家干什么呀,也没什么事。他的那些著作我都看过。由他那儿崇拜到鲁迅,就看了一些革命文艺的东西。在中学念书的时候,下午两三点钟就下课回家了,到吃晚饭以前这两三个小时,没什么事就去三联书店看小说,看课外书。把书包往地下一放,坐在书包上看,然后再回家。什么书都看,拿着翻翻,反正也不花钱,人家也很欢迎的。我觉得小孩从小就要增加阅读量,什么历史、地理,逮着什么看什么,对开阔视野很有好处。

1946年4月哈尔滨解放后,学校也不正儿八经地上课,老师也不好好教,就是搞思想改造,开斗争会,乱七八糟的事很多。蒋南翔当哈尔滨市教育局局长,他来我们学校组织开斗争会,斗解放前日本侵占时期的老师、校长。扭秧歌、上街游行、宣传,基本不怎么上课,上一点课也是政治课。所以一直到1947年,我上哈工大以前,基本上没学到什么东西。

"学好数、理、化,走遍天下"。那时候这句话就在学生里流行。1946年解放战争开始了,黑龙江属于解放区了,松花江以南就属于蒋管区了,有一些同学就往蒋管区跑,去念书,我没动,但整天那么混也不是个办法。后来我就开始补习数、理、化和英语。找的老师挺好的,补习几何的老师也姓杨,外号叫"杨几何",几何教得特好。我那时候用的参考书都是日本的,叫"代数头脑"、"几何头脑"、"三角头脑"，还有"登龙几何"、"登龙代数"等，看了些书，做了一些题。那些书里面把东京考大学的题目汇集起来，后面有答案。刚一解放，1946年冬天，我学过英语，老师是燕京大学英语系的。一对一，学生几点钟去随便，一直到晚上七八点钟，反正一次就只教一个学生。他的教学很有意思，两间屋，里屋他老婆孩子，外屋就4个小桌，一人一桌，一把椅子，来了他要有空儿就给你讲。他给别人讲，你在那儿复习等着。每个学生进度不一样，给你讲，先背昨天的功课，弄会了，会背了，再讲下一课，下一课讲完了，他就照顾另一个学生去。你在那儿看，不明白你再问他，明白了你就走人。一次课不到一个小时，半个多小时。我有时候早晨七点钟去，反正不到八点我就从他家出来就上学了。学了三个月，教材叫"模范读本"，老人儿都知道，商务印书馆出的。三个月学了两本，很快，老师是你能学快就教你快。可惜了，我只学了三个月。一个月十块钱学费，很贵的。因为我还要去学数学，我爹负担不起那么多学费。我二哥还在北京念书呢。这样我就把英语抛弃了，学数、理、化了。学到1947年夏，中学毕业，可以直接升高中了。

我们那时候高中不用考，但我考虑在学校一天天也不好好上课，只是搞运动，学不到什么东西。当时有同学说哈工大招生，说它那个招生简章里后面有一句话"以及同等学历"，咱们去报这个"同等学历"行不行？我的那位同学又找了哈工大的一位学生，是他的老乡，他已经念了一年了。他帮我们找那个报名的中国老师说了说。那个老师说没有毕业证书不行，哪怕初中毕业证书也得有一个。可我们俩都没有，学校不给，学校怕我们拿着毕业证书跑蒋管区。我们解释说是去报哈工大，那也不行，接着念高中吧。

后来我们俩又通过那位学长的关系，跟那个报考老师说，等考完试入学后补交，学校还没发呢，撒了个谎就报上名了。报了以后我们也没有信心能考上，别人都是高中毕业，我们怕考不过那些人。后来我们横下一条心，考！考上就念，考不上就回中学念高中！那时候是1947年，论周岁，我还不到16岁。青年的出路很多，还可以到兴山医大学医，半年到一年毕业。毕业上前线，做战地医生，我不想去。我的同桌去了，后来一直没有联系，我回哈尔滨找过他，没找到。那时东北还在办军政大学，也是一年毕业，就跟延安抗大似的，其实就是培训班，学政治、学军事。学军事出来当个排长，下连队；学政治的当指导员，我也不愿意去。因为我父亲是产业工人，受他的影响，我想学工。他没文化，我想能够大学毕业，日后成为一名工程师，所以我就报名去考哈工大预科。从报名到考试大约有一个多月的时间，这中间我就集中突击。语文不用准备，这都学过了，也不考外语，主要是学习数、理、化。物理、化学好像是一张卷子，数学一张卷子，语文一张卷子。我中学物理学了一点，化学一点没学。我就找来中学课本背，死记硬背化学，背公式、背定理。考完了，发榜后一看有我。高兴了，念呗！

中间还有一个插曲。这个俄国办的哈工大入学要对学生检查身体。检查项目主要是针对有没有沙眼，好像是怕沙眼传染。可是我有沙眼，这怎么办？有的同学就出主意，临检查以前喝两个生鸡蛋，我也喝了两个生鸡蛋，喝完了，我那个同学他检查合格，我说这么着，等一会儿叫我的名字你再进去，你不是合格了吗，你再进去，反正也没照片，他们看中国人都长得一样。结果他隔着十几、二十个人又进去了，合格！

我这不算什么，我还有一个同学，他们没有毕业证书，跟我们一样没拿到。他就拿别的同学的毕业证书来报名，结果他一辈子都是用别人的名字，直到去年刚去世。

## 哈工大

开学上课以后，才发现这个班里就我和我的另两个同学我们俩人年纪最小。我们都是初中毕业生。而我的同桌都二十五六了，孩子都五六岁了。他是伪满国高毕业的。可是学起俄文，我们三个年纪小的还挺快，那个岁数记忆力好，年纪大一点的反而不行。我们上课完全用俄语。我的俄语就是在那个时候系统地学习锻炼出来的。我以前没学过俄语，从小学日文，正式学俄语是在哈工大学的。但是我小时候和俄国孩子在一个院玩儿，也会说一点。那基本上是瞎说，互相打架、骂架，骂人的话都会说。后来我稍微大了点，懂点了。哎，我说两国人骂人都一样，就像咱们大家讲"X你妈"，俄国人也那么骂。中国人骂人小舅子，他们也是，很有意思的。

那时候工大的预科是宽进严出。我们一入学的时候我们班40多人，一年以后就剩了一半。两年以后预科毕业时考上本科的只有13个人。有些人功课跟不上就不读了，也是因为出路很多，就去干别的了。

念预科就交一种注册费，每个学期一两块钱，开学的时候交了钱就完事了，其余的钱都是中东铁路花。因为那时的哈工大是中东铁路办的学校。学生什么都不管，负担自己的吃住就行了，也不用交学费。哈工大的情况比较特殊，虽然哈尔滨1946年就解放了，共产党接管了整座城市，但是哈工大是归中东铁路管的，钱也是人家出，共产党没有管。中午吃饭有餐厅，在地下室，全是俄国饭菜。有钱去吃，没钱在上面买一块黑面包就行了，有开水。有钱下去要一个苏伯汤，再来一个肉饼，吃得蛮香。在餐厅花钱买票，票上写着菜名，然后找个地方坐下来，服务员过来拿走票，一会儿就给你送来了。虽然是学生食堂，服务也很到位，先送面包、

图7　1948年哈工大预科班合影

左上角为班主任托罗哥维切夫签名，及1948年5月27日字样，右上角为哈工大校牌，上面写"中东铁路哈尔滨工业大学"。

第一排左3李建华（女，建筑师，哈尔滨建筑设计院），左4王世敏（海军），左5杨汝威（空军），左6尹士林（有色金属设计院），左7翟海寰（哈工大），右2王贵华（哈工大），右1侯希伦（钢铁研究院）。

第三排左5田宜耕（哈工大），左6王亚彪（长春电影制片厂），左7田中镛（有色金属研究院），左8王振海（冶金部），右3张宝琛（抚顺钢厂）。

第四排右1杨永生（建设部），右3张世武（建研院），左3潘秉智（大庆石油学院）。

这班学员1947年入学时共有40余人，至1948年5月仅剩27人，乃至1949年预科毕业升入本科各系的只有13人，其中只有4人跟班毕业于哈工大及院系调整后的其他大学，余9人均于1949年或1950年被抽调参干，担任政府和军队苏联专家翻译。

前排左为班主任托罗哥维切夫，右为教文法的俄国先生谢列布良洛夫。

这张照片缺王荩卿，因为他缺饭费，旷课找饭钱去了。至于他的故事下面还要讲。

汤，然后主菜，正经餐厅的程序。但是桌椅板凳不像现在，没有桌布，就是光板的，但是挺干净的。学生只管上课，下课铃一响，收拾书包回家。教室打扫卫生都由俄国老太太来做，擦玻璃，打扫卫生……学生什么都不管。

我在那儿读了整两年，那两年可辛苦了，学习强度很大。主要是学俄语和用俄语学数、理、化。其实我们当时也没课本，都是油印的俄文讲义，学校老师编的，这个好像也不花钱，一人发一本。俄语上午下午都有，老师一句中国话不会，教俄语的老师也不会。从字母开始，两天就把字母学过去了，进度非常快。我最多一天能记五十个单词，平时就二三十个。半年不到，1947年冬天期末考试老师就让学生用俄语表述。比如墙上挂了很多画，老师就开始跟学生讲，这是春天，春天树都发芽了，草也长出来了，这里有一头牛，还有一个牧人……老师就这么反复地给学生讲，然后学生记下来，第二节课就让学生复述，考试就考这个，其实就是语言训练，讲的文法要对。老师教多少，学生记多少。上课的老师一句中文都不会，他在桌子上这么一拍，哦，明白了——"桌子"。那有"快"、"慢"的形容词怎么办？底下的学生就"哗啦、哗啦"地查字典。字典也不是俄中字典，那时候没有，只有俄日字典，日本人编的。因为日本人侵占的时候学过点日文，哪个同学翻得快，查出来了，同学在底下说，"快"，"快"的意思，大家就记下来了。就这样，我们的学习基本上靠笔记，确实挺考验学习能力的。很多年纪大一些的学生后来都走了，他们跟不上这么快的节奏，而且其他工作也很好找。

我在哈工大念书那两年完全进入一个新天地。那时中国人必须念预科，主要是为了过语言关，以便日后能正常上课。那时的哈工大完全是旧俄国时期的文化氛围。教学方式也完全是俄国人的那套。学生一多半是俄国人，一少半是中国人。当时学校有多少人，我也不太清楚，反正一到下课，走廊里都是满满的，俄国人的男男女女的同学在那聊天，女学生冬天都是穿裙子、皮靴子。老师都是五六十岁的白俄，老中东铁路的，就是老哈工大1930年代以前中东铁路的工大老师，1945年日本投降后又都回来了。

上课来，下课走。教学方法还是1930年代老工大那一套。但是，那时候本科没几个中国人，不多，还是俄国人为主，学土木、学电机。我们学习俄文的环境比外语学院都好，里面全是外教。而且这些外教不是一般的外国人，都是大学毕业的，研究语言文字的。我们系主任的名字大概叫萨马拉耶夫，他是圣彼得堡的一个语言学院毕业的。当时斯大林批判过的语言学家马尔，跟我们的这个系主任是同学。据说他在《斯大林全集》里面发现了很多语言和文字上的问题，但是他不敢说。有人说他也有著作，但是不敢出，他的水平很高的。

我们预科学生的考试和普通学生的考试是不一样的。我们是抽签口试，全部口试，连数理化都是口试。主要就是考察学生的语言能力。一般考试都是每次叫三个人进考场，其余的人都在外面等着。进来以后抽取考题，一个人上前面回答，两个人坐旁边准备，二三十人考一个上午。考试成绩是一个年级的几个老师共同商议给学生打分，掌握得很严。比如考代数，学生上来拿到带题目的卡片就上黑板做题，做完了还要用俄文分步骤地讲出来。题目做对了，讲得还要对。给你五道题，你先做三道，都对了再做剩下的两道，这两道都做对了，回答得也挺流利才给五分；如果前三道回答得顺畅，没错的，再给你一道题，做对了就给四分；如果真是磕磕绊绊的，三分及格；要是三道题，两道没做上来，那就给不及格，开学补考；两门不及格降班。一门不及格就等暑假以后补考，补考及格了，才能让你升班，补考不及格就降班。

考试考的都是最基本的东西。考俄语就让学生讲话，老师问问题，学生回答，和聊天似的，有文法错老师就记着。因为我姓杨，在俄语字母是最后一个，有的时候他前面挑一个，中间挑一个，后面挑一个，就这样挑三个人，我就先进考场了。先考完了，轻松了，八点半九点完事了。先考的可是心里没底啊，不知道考的难度多大。有的时候我最后一个进去倒好了，因为前面考完同学出来问什么题。考过二十多个人，就知道今天卡片上大体什么题了，那样容易点，最难的是头一个进去。那时候得三分容易，得五分和两分难。有一次很久没叫人进去，里面三个考生都考完了，我们都在外面等着，问这怎么回事？原来几个老师在那儿吵架呢，判分意见不一致，对文法、语言、文字观点不一样。他们居然认真到这个程度！

  俄国老师对我们这些中国学生都是很亲切的。我可以举两个例子，一个是我有一个同窗好友，他很穷，齐齐哈尔人，家里没有钱，父母都去世了，念书、吃饭靠看家庙。看他们家的家庙，吃贡品。这人挺聪明，知识面很宽。到1947年的年底，已经没饭吃了，没钱了。他就旷课，出去挣钱去。俄国老师谢列布良阔夫就问他，你怎么好几天不来上课？他说没钱，没饭吃，挣钱去了。老师掏了点钱给他，"我给你饭钱，明天来吧。"我和这位同窗好友考上本科后一起被调出大学参加革命的，后来毕业于北京外交学院，任职于外交部，是著名的俄国通，俄文非常好。1955年一位俄国人对我说，他在隔壁房间里与俄国人谈话，简直分辨不出哪句话是俄国人说的，哪句话是他说的。他就是我国首任驻俄罗斯大使王荩卿，2010年刚刚去世。他的外交生涯非常有趣，他在哪个国家当大使，哪个国家就闹事。在他当驻波兰大使时，团结工会很活跃；他在当驻罗马尼亚大使时，齐奥塞斯库被人家枪杀了；苏联解体时，他正在莫斯科，后来当了驻俄罗斯首任大使。我曾不止一次地劝他写回忆录，他只回答我两个字——"不写"。再问为什么，他就不吭声了。但是在他得了绝症之后，还坚持每天不止一遍地看新闻，每天坚持看好多种报纸。

  也是这位老师，我当了翻译以后，1950年初回哈尔滨，到学校看一看，正好碰上他了，就聊聊天，因为我是他学生，对他也很尊重，聊天过程当中，我的文法用错了，他还给我纠正。他说我来纠正你刚才说的话，那句话文法不对。

这位老师1952年左右去澳大利亚了，他是哈尔滨法政大学毕业的，不是贵族，但是每天西服革履的。他的文化修养很高，他曾经给我们这个班在1949年搞了一次活动——"纪念普希金诞辰诗歌朗诵会"。他做总导演，挑了我们六七个学生。有一个学生，用俄语主讲普希金的一生，讲到哪一段，哪一首诗，由我们这七八个学生其中的一个用俄语朗诵那首诗，然后那个学生继续讲。那次我居然被挑选上了，朗诵了一首诗，他又教你这首诗的抑扬顿挫，怎么朗诵，重音怎么处理。然后在哈工大礼堂开全校大会，开纪念会，去了很多俄国人。这个老师不错的，他给我们留下非常好的印象。

还有一个是我们的班主任，因为胡子特别长，我们就叫他"大胡子"。刚学习俄文不到一个月，就教我们唱《伏尔加船夫曲》。词他写到黑板上，我们记下来，然后他一句一句教，大家一起唱。他还一边唱一边掉眼泪，我们猜他是思乡。有趣的是，他后来到博克图他女儿那儿去养老了。临走的时候我们大伙送他，照了一张相片，他还签了字。他把这张相片挂在他在博克图住的房间里。我的表兄跟他住邻居，我表兄也会几句俄文，有时候上他那儿串门去，看到了那张照片，然后就指着我说，"这是我表弟啊！"后来我那个表兄告诉我，说老先生还记得我，特别高兴地说，"这世界太小了，居然你的表弟在我家里照片碰见了，咱俩又是邻居。你那个表兄弟是我的学生……"

在哈工大那两年接触了俄文、俄国的文化。我真正下工夫念书，除了自己补习数理化那段时间以外，就是那两年真正的是下工夫了。我中学没怎么学物理、化学，是后来完全用俄文学的。二年级我们开了化学课，一个女老师，三十多岁，传说还没结婚，说她是化学系的大学毕业生,搞试验的,给化学教授当过助手。第一次化学考试,我考了两分。也怨我也没好好学,那个东西老得背,我也懒得背那些东西。考完了老师把我留下了,她表情很痛苦,"怎么搞的,才两分,没及格!两分,就你一个!你下学期再考两分就毕不了业了。"她挺喜欢我这个学生的,我说,"没事,下学期我努力!"到下一次考试之前,我真的很认真地学习,死记硬背,到考试的时候,考我的问题我都对答如流,考了个五分,她就特别高兴。

# 参干

　　1949年8月，那时候的大背景是刘少奇跟斯大林谈判以后，苏联答应派一批苏联专家来帮中国搞经济建设。然后刘少奇就带了一百多苏联专家，跟他坐专列来到了沈阳。到了沈阳没有翻译，哈尔滨外专只配了二三十个毕业生，不够！东北局就向哈工大要学生，因为哈工大是用俄文上课的。虽然那时候共产党还没有完全接收，但是校长已经换成省长冯仲云①了。东北局一道命令调三十个人，条件是学习好的，政治好的，可以接触绝密的。还有就是出来工作半年到一年，就算参干了，以后再回学校就是"调干生"身份了，念书，有干部待遇。吃饭公家给，穿衣服发军装，还有津贴。然后就说，这些人回来能跟上功课跟原班上，跟不上降一班，跟上有专门给你指定的教授补习这一段。这是好事啊，

---

　　① 冯仲云（1908~1968），江苏武进人，是东北抗日联军的著名将领。1927年加入中国共产党。1930年毕业于清华大学数学系。曾任中共东北反日总会党团书记，中共满洲省委巡视员、秘书长，东北抗日联军第三军政治部主任兼珠河中心县委宣传部部长，中共北满省委书记，东北抗日联军第六军政治部主任、第三路军政委。建国后，历任松江省人民政府主席兼哈尔滨工业大学校长，北京图书馆馆长，水利部、水利电力部副部长兼华东水利学院院长，曾当选为中共"八大"代表和第一、二、三届全国人民代表大会代表。

我那时候是青年团员，也报名了。我们报名有一百多人，批准了三十，挑挑拣拣的，基本上都是共青团员，组织审查批准就走。有的同学就没报，人家想念完了再说，从预科能毕业升入本科也不容易，就不报名。哈尔滨外专那拨是学俄语的，但他们工科的东西不太懂，我们学过数理化，上鞍钢什么的我们这些学员还凑合，就从大学一、二、三年级调，有几个带头的，他们修过铁路，1948年松花江修铁路桥给苏联专家当过翻译，他们比较行，干过。

上午报名，下午批准。第二天晚上火车，一套衣服，一条褥子，一条被子就上路参加革命了。到沈阳，到东北局报到。联系完了，住一个招待所，没床，打地铺，日本人的榻榻米，草垫子上睡了两宿。然后就到了叫"沈阳中长路办事处"的机关，也是为了方便对外。发军装、皮鞋、一双袜子。发的袜子是布袜子，那种袜子皮鞋穿不进去。当时说库房没棉帽子了，每人给补贴30块钱，买一顶帽子去。我到街上一看，真有30块钱的帽子，还真不错，也有15的，20的，我也不懂买个15的先对付着。给30块买帽子，就买帽子，不能买袜子。那时思维很僵化。要守规矩，买醋的钱不能买酱油。你要是花20，剩10块，那不等于贪污嘛？那个时候大家思维全是这样的。往家写信不能用公家信封、信纸。自己上街花一两毛钱买信纸、信封。家信不能用公家的东西，万一有谁用了，到礼拜六开生活检讨会，就有人批评你，昨天小张、小李往家里写信用公家信封！得，认错检讨吧。

组织分配工作，让我一个人负责五个苏联专家！累倒还在其次，问题是没学那些东西，翻译这套我一点都不懂啊。当年我学的也不是翻译啊，我学的是工科，用俄文学数、理、化。五个专家一间大办公室，配我一个翻译，一会儿这找，一会儿那找，这个是搞邮电的，那个是搞化学钢铁的，那个是苏联局长搞计划经济的，还有一个铁路的少将……我什么都不懂，压力特别大，手里抱一个日本字典，难死我了。中方提问题向苏联专家请教，什么"流动资金"，什么"货币回笼"说中国话我也不懂，在工大念书时候哪听过这个啊？知道都不知道。这名词不知道怎么说啊，编也编不出来，就给人讲意思。苏联专家说这名词叫什么，"对，差不多。"头一次中国一个局长谈工资，苏联专家要听中国工资的状况，那时候咱们东北叫工资分，挣多少分，实物工资，这一分里面包括多少斤煤，多少斤粮，多少两咸盐，多少两油，按市场价格每个月计算一次合多少钱，再发工资现金。光那"工资分"我翻了两个钟头。人家苏联没这玩意，中国发明创造的。俄文说什么？这"分"怎么译？不知道。我给人家讲意思吧，中国的意思我都不懂，我是学生，十八九岁，哪懂这玩意儿。也是边翻译，边学习，反正我们俩最后也整明白了。后来过了一段，大概有半个月，有些同学说，人家也没这玩意，干脆音译吧，"分"，还带语尾变化呢。1949年，查字典都没字典啊。

我们这些翻译集中在一处，对外就叫中长路办事处。我们那个处长是20世纪20年代派到苏联的老党员，到40年代才回国的。据说她是"克格勃"，大革命时期的党员，是一个老太太，俄文很好，在苏联待了二十多年。"文革"的时候把她整得很惨。她跟我们训话全讲俄文，要求我们跟她说话也讲俄文。那两三个月憋死我了，那些苏联专家讲俄语也故意讲得很慢，照顾我们这些翻译。那些人很好，第一批派来的人品都不错，都是十月革命前后的，跟我们相处都很好，彼此都很尊重。反正拿我们当小孩呗。我大概四五个月才适应这份工作。到1950年2月，全东北开计划经济大会，苏联专家作报告，我翻译。但事先我就看过他的讲稿，心中有点数。翻了一下午，把我累得够呛，嗓子全哑了。因为那个扩音器不好使，一会儿哇哇叫，一会儿没声了，后来首长说别用了，你说吧，我就用嗓子喊，好几百人的屋子，喊完了，首长说小点声吧,你嗓子已经哑了。我说,哑了也要喊啊。就喊了半个小时,然后下来就吃不下饭了。

还有一次在电影院,苏联的一个财政专家,做财政金融报告,东北财政部的一个同志上去翻译,译不下来,被赶下来了。我坐在底下,心里想,换我也得下来。后来换成我的一个同学上去,他在哈工大是三年级学生,基本上对付下来了。因为事先没看稿,也没准备,什么"货币回笼"怎么说呀,"货币回笼"怎么回事,中国话我都不懂,太难了,因为你学的是数理化,说钢铁那还知道,三角、几何、物理这都懂一些,好在听力还可以。后来到各省去出差,都是省委书记接见,那时候到1950年的夏天,就都能对付过去了。那年我19岁。

我1949年到1953年这四年都在沈阳东北计划委员会工作,给苏联专家当翻译。那时候是计划经济,苏联的一些经济专家帮助我们国家搞经济建设,我去给他们做翻译。那时候除了俄文以外,经济方面的知识基本上是在工作中自学的。有任务在那儿压着,不学也不行。那时候我是共产党所信任的干部。我手下最大的官员是北平国民党市政府的会计专员,按现在的说法是财务总监。哈尔滨道里一中教务主任在我手下。我念书的时候,人家已经是教务主任了,解放后他在我手下。因为我俄文比他好,他是留用人员。日本人也在我手下,满铁的,南满铁路日本情报人员,搞苏联经济情报的,在我手下。那时候遣返的日侨别人都走了,咱们把他留下了。这个人是苏联通,人挺好。他是做情报的,不是那种杀人的特务,就是研究情报的,中文不行,俄文很好。从十几岁就被日本南满铁路培养研究苏联,特许娶苏联老婆。他老婆孩子我都见过。临走了,求我一件事,他说我在苏联和在东北拍了不少小电影,那个电影机很小。他说这个片子乱七八糟,我一过海关人家要查怎么办?我接不上,给海关检查,放不了,你能不能想办法找人给我都接上,我好给人家演示,要不然就没收了。"这好办,我来替你办。"我找电影公司的人,帮忙接上。这位日本朋友特别高兴,"你给我解决大问题了。"后来又过了几个月全家走了,回日本了。人家日本人就这样培养人才,从小就培养,每年夏天放暑假送你上俄国人聚集的地方去生活。而且特批你娶苏联老婆,我满铁给你钱,让你上苏联旅游,为了培养人才。他的俄语非常好,也跟我们一起翻译材料。

但我当时的愿望是在哈工大念到毕业,然后当工程师。但是我得服从组织分配,组织让干啥就干啥,我那时候共青团员,得服从分配。但我一直想回学校接着念,所以那两年每年工作总结,都检讨工作不安心。这项帽子一直背了好几年。

眼看着1953年东北计委不再专门聘请苏联专家了,就剩下我一个俄文翻译了。万万没有料到,成立一个翻译组,把几位编财经杂志的俄文翻译集中在一起成立翻译组,让我当组长,没让我回大学或留苏深造。

更没料到的是,北京国家计委刚刚成立,急需苏联专家的翻译,就下令把我从东北调到国家计委。我是1953年国庆节刚刚过后就到北京国家计委专家工作室报到,开始临时住在朝内的九爷府。没几天就让我给兰州156项苏联援华项目选厂址工作组专家当翻译。当时,坐的是专列开赴兰州,几十名苏联各部和中国各部的专家组成选址工作组,苏联专家由苏方商务参赞带队,中方由国家计委的一位局长带队,我给他们当翻译。每天都把日程排的很紧,不是开会介绍情况,就是坐小吉普车到处跑,在兰州附近的各地跑,踏勘现场。有时,还要在农村住上一两天踏勘现场。那次出差,学了不少关于基本建设的东西,都是实实在在的东西。同时,也还体会到,不请苏联专家来,光靠我们自己的技术人员,真真地不行。我曾当面问过我们的一位石油总工程师,这500万吨的炼油厂，你过去干过吗？他也实在地告诉我，别说设计500万吨的，在上海，我解放前连见都没见过，我只见过50万吨的炼油厂。从1953年10月份去兰州到转年1月份才回到北京。过了两个月，又去武汉陪苏联专家现场踏勘现在武钢厂址。到国家计委后，就提拔我当专家工作室翻译组副组长，那时国家计委不叫"科"，实际上是副科长。从那时起，就搞基本建设一直到如今。业务上是从选址开始到城市规划再到施工，再到建筑学，这么一个发展过程。

# 赴波兰

1954年，我23岁，被建工部借调去波兰，作建工部城市建设考察团团长翻译。那时在语言交流上已经基本过关了。那位驻波兰大使叫曾涌泉，他是延安外专的校长，我班门弄斧，在他面前翻译。译完了，他说，小伙子，哪儿学的俄文？我说，"哈尔滨工业大学"，"怪不得呢！"他说了这么一句，既是认可，又是鼓

图8 1954年第一次出国去波兰，在莫斯科换机。在那里住了几天，还参观了苏联农业展览馆，照片上是展览馆的集体农庄广场。
从这张照片上可以看出苏联当时的广场设计及建筑设计的端倪。

励,终生难忘。这个团此行就是考察城市建设,为什么向波兰学习城市建设呢?是因为波兰这方面做得不错,想要跟他们学习,这就是双方科技合作协定定下来的项目。就是他们到我们这儿学什么东西,几个月,由我们开支,我们去他们那儿,他们开支。说老实话,我国当时在这方面还不太懂,刚入门。但是大家的学习兴趣很浓,白天听人家讲,晚上如果没有什么活动的话,就对笔记。一个小组在一起座谈讨论,天天如此。当时一个团,有十几个人,有哈尔滨的,武汉的,北京的,上海的,天津的……人名记不清了,反正就是城建局系统的干部。局长就三个,其他都是工程师,都是搞专业的,城市规划、市政、道桥什么的。这是整个中波科技合作的一个项目,中国派代表团过去,带队的团长是一个建工部城建局的副局长许英年,是个老八路。他原来在嫩江省,是嫩江工业厅的厅长。然后到东北计委当我们那的城建处的处长。

图9 1954年中国城建考察团部分成员于波兰斯大林诺格洛得市与城建局人员合影
前排左1莽宝福,左3许英年,左5杨永生,左6张振和,左7吴家祯,后排左3丁福库,左5尤光辉

我们去波兰之所以要配俄语翻译，是因为那时候我们国家没有人懂波兰文。但有很多波兰人懂俄语，比如说介绍情况，他们就会派懂俄语的建筑师先来介绍。对于社会主义国家来说，当时的俄语有点像现在的英语一样。因为波兰是苏联解放的，还有人在苏联待过很多年，也有一些二战当中跟着苏联红军打回去的波兰游击队员，这些人都懂俄语。波兰干部，一部分是从苏联回去的，苏共培养的波兰党的干部。还有一部分是波兰本地的共产党。波兰的共产党是社会党左翼和共产党合并的，叫统一工人党。连波兰的国防部长都是苏联元帅。他本人就是华沙人，在苏联长大，念苏联的军事学院，当了元帅，解放以后又回到波兰。那时候波兰整个国家似乎都在苏联的控制下，但他们也有人俄语说得不怎么灵光，说着说着波兰话就上来了，忘了。有的时候也需要从波兰文翻译成俄文，我再翻译成中文。那个时候，我们国家还没来得及培养外文人才。

　　1953年抗美援朝结束，1954年国家就组织这次访问，因为我们都是第一次出国，那时候出国是很稀有的，都是国家给做的衣服，连皮鞋都是公家配的。自己上百货大楼专设的出国人员服务部，自己挑料子，现做。但是我们几乎没有做西服的，因为回来西服没法穿，中山装回来还能穿，呢子大衣，皮大衣都有，一个人一个大皮箱装着。回国后，按规定大衣要交还。抽的烟都是自己带的，都配好，因为国外太贵，舍不得买。在波兰的日子里我们也有津贴，一天3块钱，就是用于理发、出去坐车等零花钱。

　　我们去考察的过程中，唯一美中不足的就是去的时机把握不太好，十月份才去，季节不好，已经初冬了。考察的行程定下来，光出国人员的审批和准备工作就花了一两个月的时间。这期间要等着审查出国人员合格不合格。公安部审查，还要做业务上的准备，还有礼节上的培训。那个时代有很多人都没有同外国人打交道的经验，所以国家很注意这个问题，外交部礼宾司的专员来给我们上课讲。结果还有两个人因为审查不合格，被取消资格了。他们可能是有历史、社会关系等等问题，还有没有解开的疙瘩，就被筛掉了。那两个人情绪非常不好，可能那会影响他们一辈子。

我们开始去华沙住五星级饭店，使馆就打招呼，中午不喝酒，也得喝汽水，不能按中国人习惯，光喝汤，吃菜。桌上得摆满了汽水，免得人家说我们中国人太寒酸。因为我们代表团都穿中山装，一看就知道是中国人，怕外国媒体宣传中国太穷，所以每天我们的餐桌上都摆得满满的，到晚上啤酒也都摆上，其实大家都很少喝。另外就是不要大声喧哗，我们住的是国际酒店，哪个国家的人都有，桌上都插的国旗，有五星红旗在桌上摆着，不能给中国人丢脸，让人说中国人没素质。我们出去的时候，衣冠要整齐。我从国内带了双千层底的布鞋，我嫌老穿皮鞋板脚，晚上回来上餐厅我就穿着布鞋。那些外国人都盯着我那双脚，他们感觉很稀奇。那时候在国外的中国人很少，我们的一举一动人家都很关注。

我们参观波兰新盖的住宅区，房间设计得很合理，规划都挺好的，那时我们国家是达不到那个水平的，咱现在看也有很多地方达不到。他们的生活水准很高，机关干部有年假，可以免费去疗养院休假。他们的建筑规划水平也比较高，在东欧里是好的，建筑师很多。我们接触的一位建筑师还跟我说过，画水彩啊，最好用中国毛笔。我回国以后给他买了几支毛笔寄过去了。

我们住的是战前的旧旅馆，真的不错，虽然房间不是太大，但是设备一应俱全，也很干净，服务也很到位。华沙的古城都去看过，华沙恢复得不错。二战时，那里破坏得很厉害，残垣断壁，都几乎炸平了。在市中心还有没恢复的残迹，都看得见。他们花了将近十年，完全按原样恢复了颇有名气的华沙古城，一点没有改变。咖啡馆的服务人员穿的也是过去19世纪的衣服，服务礼仪也是19世纪的方式。给客人上杯咖啡，腿一弯（半蹲一下），行传统礼，给人感觉非常好。那里的咖啡很贵，很纯，原来点蜡烛的，现在变成蜡烛形式的电灯，很浓郁的传统文化味道，文化氛围基本上保持原形。他们是要树立自己民族的东西。虽然历史上被人瓜分了很多次，但所有古建筑保护得非常好。波兰的天主教传统信仰也很厉害，陪着我们参观的女工程师，参观教堂，不一会儿她这人没了，跑那跪着去了，我们就得在旁边等着，她还是统一工人党党员。

那时波兰开放和交流的程度很高，其他国家去的人很多。我们常常看的是英国国旗、美国国旗，这个国家更接近于西方，生活水准比苏联高。他们很亲近法国，巴黎的时装，波兰的街头很快就能看到，他们追求这个。波兰跟德国矛盾很大，纳粹欺负他们很厉害。所以这也是老百姓对中国很友好的原因，但是他们对中国也很不了解。我们到社区、住宅区参观，一些老人会询问我们，你们这个团里没有女性吗？我们说，"没有。""你们的女性的脚还是不是这么小啊？（她指我们妇女缠足的问题）我们想看看你们女人是什么样子，代表团里怎么没有女的。"他们对我们还很不了解，还以为咱们还缠小脚呢。

波兰虽然经历二战，但是整个国民素质比我们要高，甚至比俄罗斯还高。整个民族的文明程度要高一些。虽然他们也经受了战争，但是因为战前基础比较好，城市经济恢复还是很快的。另外，感觉波兰的公路非常好，城市基础建设好，他们说是德国人修的，德国人为了向苏联侵略，先占领波兰。然后修公路，方便坦克使用和进攻。所以他们的公路都是战略公路，分布很密集。

波兰人整体上给我们的感觉是人漂亮，比苏联人漂亮，蓝眼珠，很开放的，是个能歌善舞的民族。那些女孩子也很开放的，我们参加他们的公用事业部的新年迎春晚会、化装舞会等等，挺有意思的。因为我会跳舞，其他的一些干部不会跳，一些女孩子就很友好地围着我跳舞。几个女孩子就问，你结婚了没有，我说刚刚结婚，她们说，哎哟，我们都得哭了。她们跟我开玩笑，挺幽默的，挺友好的。看演出，晚上听音乐会，女人都换上高跟鞋，不穿靴子，没有穿大衣的，打扮得很漂亮。

给我感觉那个国家是不错的，人民群众也是挺好，对中国人是非常友好的。他们说，"我们跟中国人没有矛盾。"但是对他们来说，苏联却不是那么回事。历史上俄罗斯侵略他们很多次，被德国、俄国瓜分……所以有一个工程师背后跟我说，中国跟我们没有任何利害关系。我们接触的群众、官员都非常好，没有发生任何矛盾。除了工作以外，晚上经常请我们看文艺演出。

1955年，我们在华沙的时候，钢琴家傅聪刚刚获得国际钢琴比赛大奖。正好赶上他的个人音乐会，波兰政府还请我们去了。我们去参观肖邦故居，特别把他请去了，在肖邦故居用肖邦弹过的钢琴给我们做现场表演，足以见得波兰政府对我们的到来还是很重视的，可惜我们都不太懂音乐。在肖邦故居，特别给我强烈的感受，肖邦的手做了一个模型，放在一个玻璃罩里面，在钢琴上，他的手虽然不大，但是手指很细很长。他的居住环境在乡下，虽然是一栋简单的房子，但是里面特别温馨，很舒适。

波兰政府还特别安排了一个礼拜，到疗养院参观度假。波兰的公职人员那时候就有假期疗养，所以疗养院里人很多，滑雪场人也很多。那里的设施配备都是很好的，就现在的情形看，我们国内也很难见到那样的环境。我们住的地方条件非常好，疗养院不大，只有我们十几个中国人。一栋二层小楼，房间不太大，两个人住挺舒服。一楼是餐厅，还有文化室，看书，看报，弹钢琴，听收音机等等，设备非常好，吃的也好。餐厅还有小乐队，吃饭的时候，三五个人拉小提琴。我们一进去，就演奏中国的歌曲，只演奏《团结就是力量》。波兰的餐厅里一般都带小乐队，在华沙住的五星级饭店，餐厅里也有小乐队，一看我们中国人去了，音乐就换成奏《团结就是力量》。这也是因为中国对外宣传也不行，他们对中国了解也不够。我们在那个疗养院住了一个礼拜，他们为了表示友好，每顿饭都演奏《团结就是力量》，反复奏这个曲子。

有意思的是有一天我们在那个酒店碰见一个华侨，山东人，大约有60岁了，西服革履，白头发，跟我们打招呼。他是第一次世界大战被派去波兰的劳工，后来在那留下来就没回国，在那安家立业了。去的时候20多岁，在那生活了30多年以后，他已经过得很富有了。他见到我们很亲切，非要跟我们喝杯酒，我们都吃完饭了，我和另外一个同事跟他打的交道，他是做皮鞋的。他的波兰话说得跟波兰人一样，几十年了，娶的波兰老婆，有两个女儿，都大学毕业了，但中国话不太会说了，有些新词都不懂了。他说毛主席是"中国大皇帝"；看电影的"电影"不会说，因为他出去时还没有电影。想了半天想不起来了，后来解释了半天我才明白是"看电影"。我们去的时候还遇到总政歌舞团在那表演，住在同一个酒店。那个华侨就说，我去看了咱们那些"戏子"。他把文工团的演员说成是旧社会的"戏子"，都是旧社会的语言。

但我们这些人也出点笑话，连我都出笑话。我住的房间，很古老的一个饭店，设备都很好的，建筑也不错。回到饭店，走了大半天，洗洗脸，到卫生间一看，马桶、洗漱池，嗯？这马桶旁边怎么还一个矮池子？干什么用的？和马桶很像，还不完全一样，没有座盖,开关在后头,干什么的啊?拧开试试,喷了我一脸,温水,还不知道干什么的,我就给关上了。跟我住一屋的,老工程师他知道,这是妇洗器。我说还有这玩意?从来没见过,听都没听过。他见过世面,老哈工大毕业的。我在国内也住过一些饭店,像哈尔滨国际旅行社,日本人盖的,都住过,也没见过啊。我在国内住过一些很高级的地方也没有见过,在这方面我们的眼界还很有局限。

还有一个笑话,有一位同志看见波兰人吻手背。男的见女的比较尊重的,把脚一并,人家和女同志不握手,把手抬过来行吻手礼,大家告诉他说这是"吻手背"。在火车上有一个老太太接待我们的,他把人手抓过来,贴到鼻子上蹭了蹭,他听成是"闻手背"了,他来了这个!那个老太太跟我坐一个包间,挺好的,也没计较。我说,你开洋荤,跑这来开了!大家笑作一团。

中国人在国外,一直到八几年,都闹过很多笑话。有人到美国去,人家的触摸式的台灯,国内没见过。一个人一个房间,一宿摸黑、挨冻。没开空调,他不知道。第二天早上吃早点,他跟翻译说,这美国怎么搞得,灯绳找不着。晚上睡觉感觉挺冷,盖毯子,真冷!翻译说,你开空调不就完了。"哪开?不知道!"

就在国内我们也出了洋相。1980年我到香港,路过广州,在广州住两天,屋里有空调。我们有一位同志,他把空调打开了,我们就出去了。回来屋里热得要死,他拨到热的了,开错了。

在波兰政治活动也不错,他们华沙开什么大会,都请我们去,作为中国的正式代表团,在政府都挂了号了。而且我们还专门去了一趟奥斯维辛集中营,那是纳粹德国人搞的,各处都看。没有任何的改动,都是德国的东西没动,搞成一个展览馆。而且我们在枪杀人的地方,还特别献了花圈。

在波兰待了三四个月,告别宴会上,我讲波兰话。我方的商务参赞,是位老新四军,"小杨,你刚几个月,波兰话,别瞎说,给说错了!"我说,"没事,反正就点客套话!"我讲波兰话,波兰人听了特别高兴,他们知道我原来不会讲。

几个月用俄文介绍城市规划,从头到尾地介绍,我从此开始接触关于建筑和城市规划方面的知识。波兰之行学了不少东西,收获挺大。

图10  1954年访问波兰时我们规划小组向奥斯维辛法西斯集中营受难烈士敬献花圈。
左起莽宝福、杨永生、许英年、张振和、吴家祯

## 去苏联

　　1954 年去波兰，1955 年春回来，秋天又找我出国，到苏联。也是一个专题考察，也考察了好几个月，我们国家去的都是各有关单位的领导，苏方接待也挺好，他们都是各主管单位接待的。我们考察了苏联的很多工厂。看原子能发电站，别说你讲俄文，讲中文我也听不懂！没有资料，没见过。只是报纸登了苏联修第一座原子能发电站。自己琢磨着说吧，跟首长说了，"我不懂，反正你们也不懂原子能，咱们就懵，听懂多少，算多少。"去飞机制造厂，讲那个喷气飞机，我也没见过，没听说过，我翻译的时候苏联的总工还生气了，他说，"我讲了十分钟，你怎么就给我翻译一分钟啊？"我说，"对不起，我不懂你这个玩意儿。"讲中文我也听不懂，就像跟老百姓讲针灸，讲中文咱能懂吗？

　　那次考察给我的负面印象有两个，一个是他们当时对我们的交流也有保留；一个是"大国沙文主义"。但是表面上还是挺友好，安排项目也是他们安排，参观什么这个那个，有的时候我们也提出要求，有的时候满足，有的时候不满足。也带我们到各处看，有的保密的他也给你看，有的不给你看。

　　很明显地遇到一次，我们要看他的水压机，没给我们看。原子能发电站给看了,那是世界上第一个。就是走着看,我们也不懂,喷气飞机生产厂也看了,拖拉机厂的军用车间给看了,军用物资仓库怎么管理给看了,就是那次水压机不知道为什么不给看。我们当时也想搞水压机,他不给看。他也不说不给我们看,他说安排了,下午四点钟去,但是上午参观完了,中午吃饭拖拖拉拉,老是敬酒,吃不完的吃,吃得非常好,工厂的餐厅里做得非常好,非常丰盛,就是不结束。比如三点钟要出发,到三点还不结束,劝吃劝喝,这什么意思!?我提醒他们也不管用,跟我们装糊涂。后来我就跟首长说了,"他们是不是另有想法啊?您别管了,我跟他们干仗!"他们敬我酒,我不喝!他说,为咱们友好喝酒。我说,友好,几点了?我们下面还有参观项目呢。"那不着急,友谊第一。"就弄这个!我就不跟他们碰杯,拉倒吧!我就跟他们急眼了,反正首长批准了。结果一拖,拖到四点了,他说不行了,今天时间过了,咱另安排吧。一直到回来他们也没提这事,也没有另安排。我就说他们故意的,把我们几个能喝酒的全给灌醉了,就我没醉,因为我不跟他喝。那个时候,苏联在保密方面是有明文规定的,比如我们中国留学生,有的实验室是不能进去的,其他国家的学生也不让进,只有苏联人能进。高精尖的东西,学电子的,搞实验的,不让进,规定得明明白白。

## 大国沙文主义

还有一次,我说他们是"大国沙文主义"。苏联的一位副总理,在他部长会议大厦的办公室接见我们。我们就很高兴地去了,经过一道道门进去了。他那个保卫很厉害,比如说开前一道门,黑咕隆咚,什么都看不见,人还要往前走,开另一道门,才出现了光线,这两道门有个空间是黑的。我想,一个是为了制造气氛,另一个是万一坏人进来，好收拾。副总理的办公室，戒备很厉害，比我们厉害多了。进去以后我们这十几个人围成一圈站着，他也站着，"我到过中国，1945年……"就站那聊几句话就结束了。等出来了，我就急眼了，我说怎么这么不客气啊，连杯茶水也不给，也不给让让座。在我们中国，起码请坐啊，服务员倒茶。他那没有，就站在地上聊几句话就完事了。另外还有一个诱导因素，他说，1945年我到过中国，我知道他当过水电部长，肯定是去吉林小丰满水电站，于是当时就联想到原来你是去拆除小丰满发电设备运回苏联的。"大国沙文主义"，我就给他扣了顶帽子！代表团里有人直伸舌头，说，你这小子真敢说话啊。这话我只跟首长说，跟首长说，首长一笑，我也明白了，他心里也这种感觉，也是认同，才没吭声。其他的人害怕了，"你真敢说话啊。"我说，"这有什么！"。

还有一点是苏联的严格控制，防范。克格勃那套是厉害，我们比不上。他那部长会议大厦，就在红场旁边靠着大街，十几层的大楼，叫部长会议大厦，我们有一次，天天去到那听讲座，他们有关方面给我们讲，考察嘛，每天去。那个大楼是很有意思的，门外没有警卫，警卫在房子入口里面待着，两道门，第一道门往里进，第二道门站着俩警卫，人家警卫不是咱这个士兵，都是尉官。不是长枪，都是短枪，都是受过训练的。像我们天天去，天天挨个排队看护照，照片和你脸对，挨个对，我们感觉不礼貌，但是没办法，你也不能提意见。你中午出来吃饭，下午两点钟再进去，还是这样，连他们本国的人也是挨个对工作证。可是到里面，挂衣服那儿，又很礼貌，一看中国人来了，马上那些人都闪开了，那些部长会议的工作人员，让中国人先挂，那也没有人指挥，但是人很礼貌，外宾来了，就可以不用排队了。中午或者下午出来的时候，他们一看也是中国人，也闪开了，让我们先取。

友好，这没错，但是友好有分寸。苏联计委的副主任，跟咱们谈话，了解中国情况，陪同的是我在东北工作时的苏联顾问组组长。他来中国以前，就是苏联局级干部。那天谈话，他的身份是苏联国家计委党委书记。因为他在中国待过好几年，他陪同。一见面就笑一笑，完了，没话了。跟首长也挺熟的，也是见面落座，开始谈正事，我做翻译，翻译完了，再见，谢谢，一句叙旧的话都没有，也没说去饭店去看看我们，连首长都感觉惊讶。后来我们领会了并不惊讶，原来他们有规矩，政府规定，未经批准不得随意同外国人接触。

这种事我在苏联部长会议大厦还遇到三次。一次走在走廊里碰到一位苏联的物资分配专家，他在中国工作过，我也为他作过翻译，他在走廊里面挺高兴，"你来了！"我说，"我来了"，我问他在那，他说就在这旁边的办公室里工作，就聊了这么两句。苏方的一位中校接待我们，每天陪同，问我，"他是谁？你怎么认识他？"，这就是在调查嘛，我说他在中国工作过。还有一次在街上，有一位苏联人从后面拍我肩膀，我一回头，也是在中国工作的苏联专家，工作几个月，后来因生病就回去了。我说，"少见啊。"他说，"我早就看见你了，在衣帽间我就看见你了，我就紧追，那我先走了。"看他那个神态是有感情的，就是不敢接触。在部长会议大厦，他看见我都没有敢打招呼。也是有规定，不许接触。还有，在饭店里碰见一位学中文的苏联翻译，莫斯科大学毕业的，跟我在一块工作了一年，特熟，在一间屋。他从中文翻译成俄文，或者我翻译成俄文，叫他给校订一下。我们特好，他什么都跟我神聊，苏德战争的时候，他是个中尉，一直打到匈牙利，然后1945年复员以后，上莫斯科大学学中文。在饭店里吃完晚饭，在大厅里偶然间碰见他了。我们寒暄了两句，他只说，小伙子穿上这行头你真帅！我还告诉他我住多少层，多少号房间，后来他一直没来，不能随便接触呀！后来我就给首长解释，我说人家有规定，你也别不高兴，人家戒心很重。

还有一次，那是1952年我翻译了一本书，《如何编制基本建设计划》，正式出版了，我知道这本书的作者是苏联国家计委的副主任。后来我去的时候把这本书带上，我想碰见他就给他。结果在走廊上看见门牌上写着伊万诺夫的名字，我问陪同，这个伊万诺夫是不是管基本建设的计委副主任。他说是管基本建设的。后来我们的陪同就跟他说了，说中国来一个代表团，其中有一个翻译把你的书翻译成中文了，把这本书也带来了。那个人很客气，说那好啊，有什么事没有，我们俩见见面吧。那个苏方陪同就告诉我说，我们的副主任想跟你见见面。我问，他说什么了，有事吗？他说，他没说有事，就是想见见面，想认识一下。我说，那就不见吧，你把这个书转给他。我就把书给陪同了。后来陪同告诉我说他非常感激，他非常高兴，把那本书立马放在书架上了。我也不想惹下这类麻烦，不见面了。

我们每天听课，做笔记使用他们发的笔记本。中午出去吃饭都统一收上去，锁到保险柜里，下午两点钟来，再发给我们，临走了全部收回，按规定交给大使馆，大使馆通过外交信使给我们带回来，私人不准带。这些事他们有规定，执行得很严格。

## 二次访苏

1956年初我接到一项任务，去莫斯科，下了飞机，我还不知道是去干什么，上级指定我为团长当翻译。一下飞机，还下着雨，米高扬来接机。外交部的副部长费德林，中国话讲得非常好，一上来就把我挤到后边去了，他来翻译。我不能跟他争，他是外交部的副部长，是官员，我虽然是团长翻译，但是年轻啊。我一看首长上车了，我就紧跟上去，人家的警卫一挡，车门关上，首长走了,把我落下了。但是出于礼貌,我又没办法,后面马上又过来一辆车啊,我就上去了。首长也没责怪我,当时苏联的克格勃厉害得很。

头一天晚上到莫斯科,第二天早起7点半吃饭,我7点20就要进餐厅在门旁边等首长进来。首长坐好了,才能坐下,吃饭不能随便插话。吃完了晚饭,首长回房间休息,在后面跟着,一直把首长送到房间门口那儿,扭头回到自己房间,要等到10点半,估计首长休息了,才可以洗澡休息。这些礼貌,咱懂。

早上开会坐车去会场,我坐前座,首长们坐后座。别人告诉我,"小杨,人家警察给咱们的车敬礼,你坐前头,你得负责还礼。"我这一路还礼,手就没落下,当时心里想:明儿我不坐前头了,老干这事。我们那个车走在马路上,不是靠右侧,也不是左侧,走马路当中间黄线。进了克里姆林宫了,还往前走,有一个小院,全是警卫。这时我才明白,原来我们是来克里姆林宫开会。进屋到衣帽间脱下大衣,上二楼,往哪儿走啊?我心里还嘀咕呢。因为我是翻译,我得在前面带着这些首长们,往哪儿走啊?用不着我们操心。那时候我才明白,出二楼楼梯口,一侧有俩穿黑西服的警卫,意思"别往这边走。"我往另一侧一看,三步一岗,五步一哨,全是黑西服。左边一个右边一个,交叉的,顺着圈定的路线走,走到头,前面一个大门。一到门前,两边站的人就打开了大门。进会议室,有人领着你坐那儿。

有一次是陪首长跟赫鲁晓夫会谈。那时候赫鲁晓夫是头,那人给我的印象是挺随便的一个人,不拘小节,想到哪说到哪。别人说话的时候,爱插话,没礼貌,不稳重,修养差,想发脾气就发脾气,想捉弄人就捉弄人,他爱拿别人说笑话,他就爱捉弄他手下的人。有一次开会中间休息聊天,他就捉弄米高扬,说米高扬在中国刚吃完"龙虎斗",现在肚子里的蛇还在转悠呢。有一次宴会上，中国首长说话，我来翻译。有一个什么词，我停了一下，稍微停顿了一下，我想了想用哪个词合适，他给插了一句，插了一个词，我琢磨了一下，上下句应该也可以，我就用了他那个词。这不是叫人很为难吗？我要不用他的词，好像不礼貌，用他那个词若是不合适呢，就叫人很为难。那人也聪明，觉得他那词用那也可以，我就用了，看样子他还挺高兴。赫鲁晓夫很不讲究礼仪，想怎么说，就怎么说。赫鲁晓夫也很粗鲁，矿工出身，在联合大会上把皮鞋脱下来敲桌子，就是他干的事，我相信这家伙干得出来。但这个人确实是政治家，敢想敢干，1956年他敢做秘密报告，反斯大林，反个人崇拜。斯大林是1953年死的，1956年就把斯大林搬倒了，把斯大林杀人全给公开了，这不简单，这是玩命的事。好像是1955年，在建筑大会上作报告，反对斯大林的古典主义，反浪费，这也不简单，在苏联建筑界影响很大，使苏联建筑设计走上了一条新的道路。应该说，他的报告是一个转折点，这个人是政治家。斯大林时期，政治空气特别紧张，在赫鲁晓夫时期有缓解，至少在斯大林的问题上有缓解。反正这个人是很有胆识的一个人。

在莫斯科，我自己去使馆办事，也有克格勃跟着。那人身材十分高大，我身高1.81米，站在他身后，前面都看不见我，你说他多大？我走哪儿，他跟哪儿，讨厌极了。他虽然说是保卫，也看你干什么，也监视你上哪儿。反正我要车也不告诉他上哪儿，要车就走。到使馆办事，得想法把他甩掉。你也不知道他懂不懂中文啊，他是不说话的，连笑都不笑。回来时，我代表我团给他送礼物，送了块缎子，才跟我笑了一下。

一共去了两次苏联，一次波兰，1954年、1955年、1956年。1954年去波兰路过莫斯科，去的时候在莫斯科玩了几天，1955年回来时候是坐火车，又玩了几天，等于四年去了四次苏联。第一次去苏联的时间长，第二次时间短。

## 归来有感

1954年去波兰，1955年和1956年两次去苏联，对我以后工作的影响很大，开阔了眼界，知道一些事。波兰那次是学业务，学规划，那次挺高兴，各个方面都挺好。第一次去苏联，我发现那些老领导对像我们这样的小青年，没有架子，交流很真诚，在一起闲聊也都很随便。他们对下级的态度、自我控制能力等等都很有修养。

比如说我们到莫斯科住的乌克兰大饭店是苏联最高级的五星级大饭店。大家分完房间之后，三位首长被分到一个套间，里边只有两张床，三位首长中得有一位住在客厅的加床——行军床。我就说这不行，我跟秘书两个人住一间，里面有两张床，还有一个电视机，我跟他们说，你们哪位到我那儿，我来住这个行军床。三位首长异口同声说不行，分哪就住哪。我说那不行，你们是首长怎么能让你们睡行军床。其中有一位首长说，"到了世界红色首都，睡地板也是好事。"老首长特别虔诚！

我知道有一位老红军首长第一次到莫斯科，他的翻译跟我说，一到礼拜天不开会的时候，他哪都不去，就是在饭店里看文件，看材料。翻译说，你第一次来苏联，带你去到公园转转，他不去。

还有一位级别很高的老首长，也是第一次到苏联。我亲口问他，准备上哪看看，我跟苏方说，让苏方总参谋部给安排。他想了想说，就看看列宁墓。我说好，还有呢？他说没有了。第一次到苏联，除了开会以外，就看了一下列宁墓，哪都没去。就是不想玩儿，没有欲望玩儿，就是政治和业务，他没有别的想法。那个时候他们目的很单纯，就是想建设国家，就是来学习的。有一位首长，临走了，头一天晚上我才发现他的津贴没有花。每天补贴的津贴我最低是三个卢布，局长和处长都是四个卢布，部长是五个卢布，但是他的津贴也够买留声机、照相机、收音机"三大机"都够了。临归国前一天晚上，有人告诉我首长钱没有花啊。我就找他，我说，您那个钱还没有动，想买点什么，我去给您买。他说，不花了，算了。我说我都打听了，照相机钱都够了，留声机钱也够了。他说，不要，家里都有。我说，你家里还有两小孩，那些孩子当时也只有七八岁，怎么也得带点东西吧。他说，这点外汇来之不易，上交吧。

　　第二天上火车了，我跟别的首长念叨，他不让我花他的生活补贴，我也不敢花。我得听人家的。别的首长说，甭理他，你就作主花，他批评你，我负责，就找我。结果想花花不了，已经在火车上了，每到大站不管深更半夜我都到站里给首长买东西。可那时苏联火车站没有东西卖，就花了一点钱买了一点巧克力。那笔钱花了很少，剩下不少钱回来后都上交了。

　　这是境界。我那个时候年轻，就是跟着这些老红军学呗。以至于后来有一次去苏联，首长多给了我一些补助，但多一分我也没拿，就是按标准拿的。标准以外首长给的，我没有要，交回去了，首长挺高兴。临走问我，那钱都买什么了？我说买了一个大皮球给我侄女，我还买了一个锅。他就说，这小青年还挺顾家！跟我开了一个玩笑，这说明他心里高兴。

# 难忘的 1956 年

1956 年，我 25 岁，在国家建委工作。为什么那年是难忘的？首先是那年我光荣地加入了中国共产党。另外，就是参加了一些重要的工作。从苏联回来，回来之后我就没有闲着。全国基本建设会议在北京饭店召开，就我一个人在那儿盯着，同声翻译，两个耳朵听，一张嘴巴往外说，会议有几十个苏联专家，让我一个人翻译，把我累死了。全国会议都是各部的部长发言，有时候（极少）他们就是临讲以前把稿子给我，多数不给稿子，我也不知道他们

图 11　1955 年薄一波与国家建委各领导及各局局长、苏联专家合影。
前排左起曹言行、李斌、苏联专家、苏联专家、孔祥祯、专家组组长克里沃诺索夫（斯大林奖金获得者）、薄一波、城规专家克拉夫秋克、安志文、苏联专家、梁膺庸　第二排左起薛宝鼎、金熙英、孙立余、康宁、隋云生、×××、×××、蓝田、×××、杨振家　第三排左起杨永生、×××、田大聪、×××、王大钧、罗维、×××、×××、智德鑫

要讲什么。可是讲着讲着他们脱稿了，有的时候意思我也弄不懂，我就大体上翻译意思，同声我也没有学过，而且业务范围又十分广泛，平时没接触过。

紧接着那个会议周恩来做报告，也让我去当翻译。总理从国务院带来一个翻译，他有常用的俄文翻译，国务院的，叫李越然，现在已经去世了。1957年毛主席在莫斯科签字那个照片，他站在主席后边。他是哈尔滨的，他父亲懂俄文，从小跟俄国人学俄语。总理在那儿做报告，那可不是一般的报告，讲经济讲了三个多小时，总理都是自己抱着材料上台。不是秘书、警卫员拿材料，他就自己拿着，都按照顺序，讲到哪翻哪个材料，一讲经济没有数字不行，钢铁产量多少，去年多少，明年准备怎么样，下个五年计划怎么考虑……我们在小房间里头翻译，两人干，那人嘴巴说，我就负责记数据、专用名词，一张张纸上记下俄文递给李越然，干了半天，最后用了一摞子纸，累的回家，饭都吃不下。我当时没有接受过这种同声传译的训练，就是临时借调，我们就只能硬着头皮干这个，这是任务！好在有李越然顶着。

开全国基建会议期间，毛主席要接见会议代表和参加会的苏联专家，好几十人，就我一个人盯着，把我吓坏了。虽然近距离接触主席、总理很令人激动，但是对于年轻的我来说也很紧张，压力很大。毛主席接见，讲话，我来翻译。他说湖南话，我也没有提前预习他讲的内容，也不能问，就怕他讲点生物学的什么的，我不懂，怎么办？我都急死了。我方的保密挺厉害的，不能人多了，我也不能带助手，就通知我，第二天下午毛主席接见。

最急人的是照集体照，让我安排苏联专家的座位。到了中南海后院那里照相，有关领导嘱咐我，一个苏联专家一个中国首长，这么隔开坐，结果这帮苏联专家不听话，都往中间挤；把毛主席、刘少奇坐的座位都占了，怎么指挥都不听。那边的首长一看就着急了,说,毛主席都到了,你这儿还没有安排好!?我说,我也没辙,他们都不听我指挥。我灵机一动,把苏方参赞请出来,我说,"你来吧,一会儿毛主席来,我没辙了,会场秩序出问题了,我挨批评,你也要负责的。"他也着急了,说:"都给我散开,不许往中间挤,中间都是贴条的,你们不许往这儿坐。"他一发话,那些人乖乖散开了,刚一坐好,主席就出来了,后面跟着周总理、刘少奇等人也来了,一块鼓掌。我得找我的位置,我的位置是后面第三排站着,可是头排不知道怎么搞的,剩了两三个空位。主席已经出来了,我完成任务,要去后面站着。领导说,"不行,不能有空位啊,照相不好看。你坐在头一排旁边那个位置。"我说,"我算老几啊?这都是部长级的。"他跟我急了,"管他老几呢,你给我坐那儿去!"吓得我赶紧穿上大棉袄坐那儿。拍完照片,毛主席一看专家很多,他不讲了。我心里说,谢天谢地!如果讲就难死我了,他说什么我要翻译不过去,这不是找倒霉。

在苏联就有过这么一次,苏联赫鲁晓夫带着他们那帮政治局委员开完会,中间有一两个小时,跟中国代表团要谈话,交流一下。有一个比我资格老,又精通懂俄文的翻译,他是一个不错的中国高级军官,在苏联学习过很多年,他先去坐在前边翻译,我就坐在靠墙的椅子上。他译了不到十分钟,就把他撤了,首长说,小杨你来翻吧。那些人谈的是经济问题,是我的专长,我很熟悉的。那个人擅长的是军事方面的问题,以前没有干过经济类的事。他跟我住一间屋,等回来,他很郁闷,可我也没办法开解他,当场撤职是很难堪的。

1956年我干了这么几件事,还干了几件大事,9月份开八次党代表大会,八次党代表大会成立一个翻译处,里面有俄文、英文、法文、德文等,一大堆,上百人,全国调来集中吃住、翻译文献。六七月份就从全国集中了翻译八大文件的人员,翻译完了有人在会场上念。翻译中共八大的文献,我在翻译处工作了半年。当时俄文翻译的人就有二十几个。我们的俄文翻译水平还达不到政治文献定稿的水平,所以又请来一些苏联的中文翻译——必须有苏联人合作,光靠咱们自己不行。一般都是咱们翻译完了以后,让他们校对,或者是一起译,两个人在一块,这句怎么翻,那句怎么翻,中文意思是什么。

我那个时候关系在建委,把我抽调来干这个,吃住都在西苑,待遇都很好,挺累的,也挺难翻译的。政治文献翻译要很准确的,后来俄文版出了书。但是在那儿提高很快,因为每天都是这帮翻译在一起交流,很有意思的。有一位老先生,名字我忘记了,原来是驻在海参崴的领事,娶过苏联老婆,在苏联待了很多年,他是卫生部的。这位老先生水平相当高,他能翻针灸。表面很虚心,实际上他是很难对付的一个人,怪僻也很多,特别有意思。那个时候60多岁了,中午在西苑饭店吃饭,是很好的饭,他不吃,他去莫斯科餐厅吃,他的工资很高。他早晨上班不坐车,就走着,住挺远的,天天来回走,他说锻炼身体。我问他还有什么好处,他说走路可以看风光,看市景,坐车看不见。很怪的一个人,他拎一个很旧的兜子,那个兜子装了一块很旧的毛巾,不管坐到哪儿,都从兜子里掏毛巾铺在上面,然后再坐。他跟我的关系挺好,我这个人跟什么人都凑合,他一进屋必须开窗户,不管冬夏。他说,我住集体宿舍,给我配备两人一间屋,小青年都让我冻跑了,我一个人一间屋。我记得很清楚,有一个发言讲"找对象",我说"找对象"还不好翻译吗?翻译成"找爱人"不就完了吗。他说那不行,"对象"和"爱人"两码事,语感上、语气上和内涵都不一样,"对象"一词如何译,讨论了小半天,也没讨论一致的意见。

当时我跟高莽挺熟的,他是文学杂志主编,我们俩挺熟,天天在一个屋。他念过俄国文学,什么苏联文学代表团来都是他来翻译，巴金他们访问苏联都是他翻译，搞文学的，所以他语言各个方面都挺好。后来我跟他也有一些联系，其他人没有什么联系了。

那次翻译处，各个语种都在一块，师哲是处长。还有两位副处长，一位是陈昌浩，长征途中，曾任红军总政委，高高的个子，宽肩，挺胸，一句话很英武，走起路来迈大步，很快。并不像有的文献上所说，解放后"13年的异域风霜，在陈昌浩的脸上留下明显的痕迹，他不仅失去了当年将帅风采，也失去了英俊潇洒的蓬勃精神。"后来他在"文革"的时候自杀了；还有一个副处长是姜椿芳，中央编辑局的副局长，文化界人士，是哈尔滨地下党，"文革"后曾主持大百科全书编辑工作。那位老先生用毛笔写俄文，俄国人都看傻了。俄文也是相当好的，人品也好，对我们这些小翻译，也十分客气，非常儒雅。

可是那个时候中国没有搞西班牙语的。1956年中央下发通知召集国内搞西班牙语的同志，不管什么单位立马调北京来，结果怎么也没找到。最后找了个懂俄语又懂西班牙语的人，从俄语翻译成西班牙语，她是刘泽荣[①]的闺女，在莫斯科长大，西班牙语很好，不会中文，她从俄语翻译成西班牙语。当时我们国家英语水平最高，俄语其次，英语请了一些专家，那确实不错，散会的时候，英国共产党主席波立特特别来封表扬信，夸奖英语翻译的好，俄语没有人表扬。

---

[①] 刘泽荣（1892~1970年），又名刘绍周。广州市人。1897年随父母前往俄国高加索定居。先后任中华旅俄联合会会长，旅俄华工联合会会长，曾三次受到列宁的接见。1920年11月18日，携眷回国。1930年曾参加中苏谈判。"九一八"事变后去北平，1940年6月随驻苏大使邵力子赴苏担任使馆参赞。1945年初，从苏联调往新疆，任国民党政府外交部驻新疆特派员。1949年9月，他支持陶峙岳将军起义，为新疆和平解放作出了贡献。全国解放后，他一直担任外交部条约委员会的法律顾问、全国政协委员。并主编了《俄汉大辞典》。1956年，他加入中国共产党。1970年7月18日病逝于北京。

## 我眼中的苏联专家

下面，我还想谈谈我对 20 世纪 50 年代初期苏联派出的一些专家的看法。前面谈到 1949 年，响应党的号召，我被从大学一年级调出参加革命工作，跟随来华第一批苏联专家做翻译工作。那时在沈阳东北财经委员会（后改为东北计划委员会）给苏联经济专家当翻译。后来 1953 年从沈阳调来北京，在国家计划委员会和国家建设委员会专家工作室担任翻译组副组长，所接触的是基本建设的专家，一直到 1957 年春季。

不管是中苏友好年代还是反修年代，我一直以为，建国初期那批苏联专家，整体上说，无论是政治上、能力上、作风上都是很强的。他们那时候，大都把中国的事情当作自己的事情来办，给中国人的印象也都很好。根据我所知，当时那批人都是 50 岁左右，是十月革命以后培养的工农干部，出身于工农家庭，上过工农速成中学继而读大学，是 1930 年代的干部，至今给我留下的印象是既儒雅又耐心。要知道，那时我们的经济干部对计划经济，对如何编制国民经济计划，一无所知。他们工作像给学生上课一样，从计划经济的"ABC"讲起。当然，每个人的性格也会不尽相同，有的爱发脾气，有的很理智，从不说多余的话，讲话也很有分寸，并反复表明,这是我个人的意见,到底如何办,还是你们自己拿主意。有的非常强调自己的意见,讲很多话,弄得中方很难接受,但我观察,人家也是好心。

比如,国家建委的苏联城市规划专家克拉夫秋克,是副博士,他就很少说服别人同意他的意见,总是很慎重,遇到重要问题,他总说,一时难以回答,请允许我研究后再说。他不像城建部的规划专家穆欣那样到处讲演,大讲自己的观点,我们的翻译常说,这克拉夫秋克真是"老滑头"。

当时,苏方对专家的管理也是很严格的。例如,1949年初冬,有一位苏联铁路上校来华不到两个月就被调回国了。当然,至今我也不知道个中原委,但我当时就注意到该人官僚气十足,人品接人待物确实挑不出毛病,就是不干事,可能多年做官,老资格,能力不够。确实很像俄国小说里写的,沙皇俄国时代的俄国官僚。

我还想谈谈我记忆中那些时光永远磨灭不掉的往事,都是具体事儿,逐个道来吧。

1950年初,有一位苏联经济专家在办公室里看到我正在读《政治经济学》,他不仅鼓励我认真读,还劝我读马克思的《资本论》。我说,读过一点儿,读不懂,就撂下了。他说,读不懂不要紧,要反复读,一遍不懂,再读,反复读,总会有收获的。我不止一次地看到,那时他已经五十岁开外了,闲时仍在读《资本论》。

那时,每逢年节或调离,我们都要送些礼物。有的专家见到礼物,非常高兴,喜出望外;有的专家就非让我拿回去,并说,"咱们之间不要这种礼物。"看得出来,那是真情的,他很反感这么送礼物活动。

人们那时候只是看到苏联画报上宣传他们的生活包括衣食住行是多么现代化,我们都很羡慕并且憧憬——再过20年我们的生活也会赶上苏联1950年的水平。后来,我实际接触苏联之后,才发现，画报上的那是对外宣传，那是好的典型，不足为信。比如，他们的住房就不是那么宽裕，尽管有水暖设备，比我们强。那时，在北京无论是办公室还是住宅，包括党中央和国务院各部委（计委除外），都还是冬季靠火炉采暖。在穿戴上，我发现苏联专家刚来的时候，每人都是一套西服，从未见到换外衣。有的衣服显得又瘦又小，可能发福了。但是，过了两三个月，又发现他们每个人都在沈阳太原街西服店里定制了新西装，又肥又大。那时苏联时兴肥大的西服，连裤脚都是超大尺寸，至少也得8寸，有的甚至达到1尺。

当时，我见到苏联专家的夫人和苏联中文女翻译都涂口红、描眉，而在苏联的大街上所见也如此。有一位苏联专家说，别看你们女同志现在都不打扮，再过多少年肯定也会像我们的妇女一样打扮。并说，这些东西是被你们的革命浪潮冲刷掉了，我们1920年代也同你们今天是一样。1955年，我们在苏联也曾有一度多次到部长会议大厦开会，而所见其干部及打字员都很庄重，甚至没有一位化妆打扮，是否有规定，不知道，穿戴也很规矩。也许她们是苏联最高级政府机构的干部保持一种朴素的传统吧，而男同志也都正装，没有不系领带的随意着装的。

## "四清"插曲

1964年,我在情报局,局长一天到晚吃喝玩乐,都找不到人,到处溜达。就给我安排到一个处里,编一个杂志,他也没跟我见面,老见不着。安排什么就干什么,那我就先对付着,大概半年多,也好,反正让我编杂志也取得编杂志的经验,所以我杂志报纸我都干过,书、刊、报我都干过,建工部开始搞"四清"了,清刘秀峰①部长和下面他的"红人",然后就把这些老局长给清了。因为我跟他没什么关系,我刚来,所以"四清"工作队就安排,作为运动骨干,还整另外一个人。当时"四清"运动就是整走资派,现在看不该那么整,整得太邪乎。也不是不该批评,这个局里原来的干部,除了他们工作队带的中央派的四五个成员以外,就我们两个"积极分子"——我是一个大组的组长。于是批判大会,局里上百人开大会批判,我发言,人家说有点水平。在他们局里,我一发言,叫响了,我又被重视了,除了参加运动,什么活都不干了。运动结束,到1965年,情报局撤销,原班人马合并到建筑科学研究院,

---

① 刘秀峰(1908~1971年),原名刘法常,字爱川,河北完县(今顺平县)台鱼乡寨子村人。发表的《创造中国的社会主义的建筑新风格》,对我国建筑学有自己独到的见解,获得各界专家的好评。他在建筑工程部任部长的十年期间,是建工部创业的十年,政绩斐然,被建筑界称为我国建筑业最兴旺发达的十年。

图 12　1966 年 4 月在陕西的阎良"四清"工作队期间与队部里建工部几位处长于清华池合影
左起杨永生、王书杰、王之安、王文元、任瑞亭

改称情报所,那么就给我派了一个室主任,我也没上班,刚报了到,就抽调我搞"四清",上基层"四清"工作队。

建工部成立"四清"工作团,我是"四清"工作团西北团的。建工部当时一共有两个团,西北团、西南团,都是部长级干部带队。我到西北团开始是工作队办公室主任,后来当分团的办公室主任,队长是个局级干部,整个工作队的报告都是我写。来了几个大学生,就是"三门"干部,必须到基层锻炼,参加"四清"。"三门"就是家门、学校门、机关门,没有在基层干过。去西安战斗了半年,就是现在的飞机公司,我就住那,住在工地上,吃在工地上,同吃、同住、同劳动。半年,接触工人,上上下下,反正乱七八糟的事,都是我办公室主任的事。进工作点也没多久,一个会计自杀了。有人报告说农民在井里头发现一个人,可能是你们的人。

我们丢了人，也通报了，公安部门查，这个人10多天找不到了。后来说有一个人在井底下趴着呢，我就带着检察院、公安局的人去了。公安局说找几个农民，下去捞上来，怎么捞呢？我也没遇到过事，买口罩，喷上酒，怕底下臭了，戴上手套，几个人下去拿绳子给弄上了，叫我看，我也不认识这个人，当地的会计，当地的人一看就是他，脑袋泡着那么老大，都臭了。那几个农民上来就吐，还喝了酒，公安局的人戴手套去翻死尸，翻完手套全扔了，让农民捡走了。一进去，没几天就死了个人，给吓死的。后来查也没有什么问题，冤死的。所以"四清"搞了半年，也见过很多事，那"四清"既是"清"人家，也"清"自己，别人也整你。群众再加上上级，互相斗。挺复杂的，还整我们团的领导阎子祥局长。我知道要整，就跟阎局长说，他们要整你，你来指挥，我上第一线跟他们干。他说，"算了，算了，你们不要去，你们不要参与，我来对付他们。"他有本事，1927年参加革命的。西安总团又要整我们的队长——老太太刘克毅。老太太知道以后，要我跟她去一趟西安。那时候我已经调到部里"四清"办公室，这位老太太是部里"四清"办公室副主任。她跟我说：咱们跟他打架去。我说，行。我们俩就坐着火车去了。给我们安排得特好，住在西安的丈八沟，相当于北京的钓鱼台。谈话我没有参加，他们净说软话，这位老太太心软，被人家一些好话给软化了，第二天回来了。为什么呢？老太太的丈夫是国务院的秘书长周荣鑫[①]，他们害怕了；另外西北局第一书记刘澜涛[②]，他跟这个老太太特别熟，他老婆跟老太太也特熟。他们在晋察冀党校的时候住在一起（解放

---

[①] 周荣鑫（1917~1976年），原名周文华，山东蓬莱县(今蓬莱市)城里西关人。1933年，加入中国共产党，曾任国务院秘书长、教育部部长。

[②] 刘澜涛（1910~1997年），又名刘华甫，陕西米脂人。1926年参加革命，1928年9月加入中国共产党，离休后任中共中央顾问委员会常委。

战争时期），刘澜涛是校长，周荣鑫是教务长。我跟这个老太太到西安当办公室主任那会儿，我们俩回北京，我得买硬卧，她是软卧，软卧票好买，硬卧不好买，她就让我打电话给刘澜涛的秘书，买一张硬卧、一张软卧。西安火车站就回电话了——票有了，不必来取，到贵宾室有专人在那儿等着。等我们俩到了贵宾室，贵宾室的专运科长就在那儿等着，在火车站大门口等着，给我们扛行李。而且不走任何通道，走过去穿铁路线走，天桥、地下都不走。上车给我们俩两张票，然后就告诉车长，特殊客人！夜里吃饭，特殊照顾！我们俩上餐车吃饭都是别人吃完了我们才去，没人儿了。要什么有什么，天热时来一盘冰镇的拌西红柿，来一瓶冰镇啤酒，吃什么有什么。去西安找北京站专运处的处长买票，专运处就是管毛主席和中央领导出门儿的。那个时候领导出门都还坐火车专列啊，专运的政委给买票，那能买不着吗？我去取过票。

提起这个，我还坐过一次首长专车。1951年吧，我从沈阳到北京来开会，我们单位的首长，让我们两个翻译跟他住过西四一处大宅院叫毛家湾，还坐了一次专车。专车就是最后一节车厢。我住的时候1951年，是高岗的行辕，后来那个地方变成林彪住宅，在那儿住了两天，挺好的，屋里都有暖气。

高岗一去就住那院儿，他不来北京那屋子就闲着，我住旁边院子里的厢房。临走的时候东北人民政府副主席、副书记林枫回东北，他的待遇就是专车，就一节车厢。他让我们单位首长坐他的专车，首长就让苏联专家和我这个翻译一起上车，这一下子开开眼界。专车什么样子？上去以后很感兴趣，注意观察，半截是客厅，有沙发、茶几；那半截是两人一个屋，然后还有厨房，带炊事员的，路上好做饭，公务员倒茶水。那时候沈阳到北京要坐十几个小时呢。我头一次喝龙井茶就在那儿喝的，真好喝！以前没喝过那么好的，林枫拿着好烟给苏联专家，他说不抽，然后给我说：抽烟吧！我说，不抽，不抽，不会，不会，其实我会，特想抽，但是不敢在首长面前抽烟，装假。那时候刚学会，学会抽一点，也没有瘾，首长挺客气的，待年轻人平等，毫无架子。

说起专车我又想起一件可能别人不大注意的事，今天回忆起来也许会增加一点建筑方面的知识。1951年吧，我从沈阳到北京来开会，最开始就住在前门外，中财委的招待所。那个招待所是解放前的妓院，因此我对妓院建筑也有了解。现在像我这么大岁数的人不知道妓院是什么样，年轻的更不知道。所以有一次我和他们开玩笑，我说我得写一篇东西，关于妓院建筑，我都看过！哈尔滨道外十六道街有中国妓院，俗称叫"圈儿里"。中间是天井，一个院子，院子中间一个房子像亭子一样，封闭的。这里面住的就是警察，四面儿都能看见。一圈儿二层楼，外廊，妓女都站在廊子上面招揽客人。这客人在下面一看一圈！看谁好看就上去了。里面我没有进去，我在外面瞄了这么一眼，上去可以走一圈儿，这就是建筑的特点：实用。北京的八大胡同，我住那个解放后变成了招待所，高级的。前门外这八个胡同都有妓院。妓院也分等级的，八大胡同是高级，我住那个招待所和办公楼一样；一进门是一个通道，都是在楼里的通道，两边像收发室一样。男的管事的住的地方，客人来了他先接待，然后进去有一个天井，四面全是楼房。三四层砖房很漂亮的，顶子上是玻璃，也是外廊。妓女都站在外廊上，然后都是一间屋，都一样大，楼梯是在建筑里面，这个不是外楼梯，是内楼梯，很高级的，设施基本都一样。我住的时候那个设施还没有动，还是解放前妓院的那些设施，因为它是内天井，房间都比较暗，顶上有玻璃，一个窗子对着院子里。我们住那个屋子是对院子的，设施很简单、很实用。没有沙发什么的，就是一张床、一个衣服架、一个洗脸盆和架子、一个镜子、一个大衣柜、一个八仙桌、四把椅子，很简单。一个房间，一个双人床。卫生设备是在外面,不是在里面。但是有一个铜盆,洗脚或者什么,搞不清楚。

我那个时候才 20 多岁,在东北和苏联专家到处跑。反正不管跑那儿,都是省委书记接待。到吉林住在张作相公馆里面,他是张作霖的拜把子哥们儿。1950 年初,东北一位局长和我陪苏联专家去辽西出差,住在省委招待所,平房。有一天晚上,我和局长正聊天,突然听到窗外有两声枪响,那位局长是老八路,叫我关灯,躺在床上别动。他懂这时候如何保护自己,我不懂,还想扒在窗上往外看看。第二天,听说夜里敌特摸上来了,把警卫的腿给打伤了。要知道,辽沈战役后,枪支弹药,国民党丢得到处都是,落在敌特手里不少,那时还没肃反呢!

回过头来再讲一段"四清"插曲,1965 年我们在西北一家建筑公司搞"四清",有些领导问题不大,最多有些多吃、多占,检讨一番就可以解放。但是搞了几个月,就有一位抗战时期的干部,他不肯检讨,群众就揪住不放。眼看就要过春节了,我们"四清"工作队员要放假回家过春节。他跟我说,我写检讨水平不够,你是工作队办公室的负责人,你帮我写如何?你若不写,我过不了关,你们也不能回家过春节。我想了想,他说的也对,于是帮他写了一份检讨,而其人还求我做做骨干的工作,让他们高抬贵手,我还真做了思想工作。结果一次通过,皆大欢喜。经历政治运动多了,整人的、被整的都积累了不少对付运动的经验。这些经验不大,但很管用。

## "反右"、"文革"中的人与事

到了1957年,开始"反右派"。1957年反右派以前,就把我调到基建出版社,因为那时苏联专家少了,就叫我带专家工作室的几个人到基建出版社,连同原来出版社的翻译人员,成立一个编译室。编译室主要是翻译和组织出版苏联基本建设方面的图书。那时候我是出版社的团支部书记,还当国家建委的团委委员,参加了国家机关团代会,因为我既是党员又是团员。

从苏联回来没多久,"反右派"开始了,那时候领导各单位的第一把手,都在考验每个人,看你对"右派"言论是什么态度,看你是什么样的人物,第一就要给党提意见,我当时也没什么意见,然后就让群众大鸣大放。有一个大学毕业生,他发言对党提了一些意见,然后一把手,第二天就找各个室主任挨个地问,听了某某人发言你感觉怎么样?这回答对政治前途是很要紧的。我就回答说不怎样,因为我听了有点反感。运动开始的时候,没有"左派","左派"就是他们党委几个头,就给我划到"中间偏左",叫"中左",我是党员,最好的就是"中左"。我记得没有什么"左派",尤其是知识分子,最好就是"中左"。有一个比我资格还老的,一个抗战时期的知识分子,他说我觉得没什么,挺好的,结果给他整了个"中右"。然后继续开会,搞各种活动,我就当一个大组的组长。大概是10天、20天划一次,第二次给我划到"左派"了。"左派"是最好的一类,当时很重用的。因为叫我当大组的组长,把另外一个编辑室的人都归我管了。他们部队被我收编了,我就管了好几十人的运动——全体编辑都归我管了。领导给我交代一个任务,说某某思想意识不好,你想办法"引蛇出洞"。确实有"引蛇出洞"这件事,现在报纸杂志都说,"反右派,毛泽东引蛇出洞。"让我干这个事,我还真是努力了。引了一个礼拜,这"蛇"没出来,这是个老奸巨猾的人,那时候他已经50来岁了,旧社会混得不错,人家经验丰富,我说什么,人家就是不说话,我都布置好了两个党员做记录,特别是这个人发言,你们要给我详细地记录。党委要整他,没抓到他的把柄,所以要引他的言论出来。这个人是个旧社会的法官,文笔挺好,引了一个星期没引出来,我跟领导汇报了,我没完成任务。当时天天都得汇报,他说了什么,态度如何。结果这人就没划成"右派",但是他记仇了。"文革"一开始,他作为群众,我不是中层领导吗,他给我贴大字报,往死里整我。

"反右派"时,我们的用意已经被人家识破了,这个人其实眼睛很毒,也很敏感。"文革"一开始,他一看要整共产党的干部,他就来劲了。政治运动真的很复杂,回头等红卫兵起来收拾有历史问题的人物,我也没老实。你不是整我吗,那时我已经靠边站了,也没什么话语权了,可我有我的势力,我是党员,是中层领导,还是支部委员,有些党员同志也很积极,"文革"一开始,还听我的。红卫兵就到我办公室折腾,我上班喝茶,让我把茶杯收起来,说你这茶杯有一个古画,是"四旧",不收就给你摔了,我赶快收了。

其实,我是干了一件报复的事,我告诉一个当时管事的,这家伙"反右派"时没出洞,得收拾收拾,他家是大地主,旧社会还做过法官。不知道他跟来单位的红卫兵怎么串联的,没过一天,把这个人弄到阳台上批斗,站在小板凳上,这家伙一下子就老实了,然后让他靠边了。抄家好像也没抄出什么东西来,他有准备,都烧了。从那以后这个人就老实了,不折腾我了。

当时,走廊里都贴满了我大字报,就叫我靠边站了,什么都不管了。所以,"文革"初期就把我按倒了,有些人一看有我大字报,就不理我,我成了对立面了。当时,基本上90%的人都被贴过。而且官越大,贴得越厉害。这场斗争的目的是整"走资派",当领导的都挨整。亏了我在中央机关,要在地方更完蛋了,非整我"里通外国"不可,我们很多同学都被整了,有的挨打,有的给关起来了。两派我都不参加,我有一句名言,"敝人是有党无派!"造反派要批我,批我这句话,结果有毛主席救了我。毛主席隔三差五就发表"最高指示",他们贯彻"最高指示"去了,把我撂一边了,没批成。

有一天要抄家,我们党支部这几个人,都要被抄,我在"造反派"里有好哥们,叫黎钟,出版社的编辑,下班以前告诉我了,今晚要抄你家,赶快回去准备准备。下了班我赶快回家收拾,把一些能挨整的照片烧了,我损失最大的是我手里有一些旧社会的旧币,还有日本的旧币,钱币一张一张的,现在值钱了,我有好多,大概有几十张,全烧了。我开玩笑说,我有潜伏在"造反派"里的"克格勃",我这"克格勃"经常给我通风报信,等于我潜伏下来"卧底"的人。去年黎钟夜里突发心脏病去世了,跟我同岁。黎钟是一位好同志,好党员。当天抄我家的时候,我等了半宿没睡觉,第二天我那个"克格勃"告诉我,昨晚抄了两三个人,已经过了半夜12点了,困了,就没去你家,我说今天晚上可能来吧,他说不会再去了,你已经得到信息了,有所准备了,就不去了。

在抄家的高峰期间,有一个十三级的老处长,刚解放的时候,他从部队转业下来,在部队上他有三支手枪,离开部队时交了一支,留下两支。"文革"开始的时候号召交枪,他又交了一支,留了一支"小撸子",里头还有子弹,藏在家里头。这人倒霉,他住在中南海西门对面的院里头,趴他的墙头上,房顶上,正好对着中南海的西门。红卫兵抄家,抄出一把手枪,还有子弹,擦得特亮,还能用。夜里抄出来,立马送军管会了,军管会就上报,一直就报到党中央办公厅主任汪东兴那里,汪东兴立马下命令,继续抄家,隔离审查。我一上班,军代表就把我找去了,你负责他的案件,审查他。因为我两派都没有参加,又是党员,政治上可靠,我又是中层干部,就带两个人审查他。因为我们俩很熟,跟他谈话很客气,什么打人骂人我一点都没干。

我说,就咱俩,你有什么真话就跟我说。他就把这个过程都跟我说了,也没查出什么问题来。给这人隔离审查,白天劳动,晚上隔离,他没什么问题,他就是喜爱这枪。我说你这"倒霉蛋",你这事一时半会完不了。

还有一个姓石的女同志,也是十三级老干部,是位有来头的女同志。西单有个石驸马大街,她是"石驸马"的后代,是抗战期间北京的高中生,到解放区参加革命的知识分子。她爱说话,说了一些那时候认为很错误的话,如说"江青也不了解情况,讲的话不对"等实话,被人抓住了,就整她,说她"反江青",弄了一大堆罪状,把这个老太太的家也抄了。这老太太没丈夫,离婚了,她丈夫也是抗战的老干部,抗战初期她丈夫很有名气,抗战刚开始时,他是八路军的游击队头头,到北平砸了监狱,把监狱里的地下党都放出来了。后来他们结婚生了孩子以后,过几年就离婚了。"文革"的时候,这老太太只带一个儿子。这帮家伙,抄了她家,把人家的抗战期间的日记,夫妻感情上的东西都给公布了。这老太太受不了,日记被公布,隐私都给人暴露了。

然后批斗,像我这样靠边站的人不让我参加这种会。我在走廊里,听到屋子里乱喊,隔着玻璃一看,她站在地当间,满头大汗,挨别人批斗。她跟我在一个支部的时候,她当支部书记,我当支部委员,经常一起开会。那天下班的时候,她骑自行车回家,我也骑自行车,在自行车棚里头碰见她,我心里想给她做点思想工作,别挺不住。她的车放在自行车棚门口,我的自行车在里面,我一看,她在那开自行车锁,她瞅了我一眼,我也瞅了她一眼,我就赶快往里走,到里面推自行车,我想追上她,不敢在自行车棚里说话,被人看见不也倒霉嘛!我就赶快推,她可能思想负担很重,她骑车就跑,我就后面追,一直追到部大院的门口,看不见她了,没追上。第二天早上,人们说这个女的失踪了。派人出去找,哪儿都没有,到中午回来说已经发现了,在铁路旁边,她躺在那喝敌敌畏死了。听了这个噩耗,我心里特别难受,因为我在她心目当中,还是好人吧,我要是跟她说几句,也许她不会……我在她心里,也属于能干的,她对我的评价是:这个人有能力,但不好领导。这也是真话,我这人点子多,意见多,不是很听话的。这是部里的领导同志告诉我的,她介绍干部时给我的评价,我也没在意。这事我到现在还后悔当时没能开导她。

还有另外一个支部书记,也被批斗得够呛,是位老头,我就对他做过工作。我说别人爱怎么说,你别往心里去,他们怎么批斗你,你实事求是,不知道就是不知道,错了就认错,还能怎么样,你可别寻短见。批斗最厉害的时候,我给他说这个,后来这个人跟我一直不错。

我两次去苏联的见闻也让我在政治上成熟了一些,对我们的一些"极左分子"我也得注意点儿。我们虽然也努力减少这类涉外接触活动,就这样,到"文革"还出事了。这件事情复杂,要从头说起。我们的考察团要回国了,临走前苏方提出想要考察一下我们学的怎么样,他们想找中方一个人面试一下,出一些题目,由中方出代表来回答这些题目,他们好鉴定我们学会没有。在这点上他们虽然很负责,但是我们也感觉他们不够礼貌,不够客气。我们学得怎么样干嘛让你们考试?这个做法很奇怪,但是人家提出来,我们不能不去,就派了一个局长,这个人挺聪明,我去当翻译,就我们两个人去了。一上午差不多三个小时,回答完了以后苏方很满意,就半开玩笑说:你这位局长真不错,学得挺好,我看你可以当国家计委副主任了!这实际上是一种夸奖。等回来吃午饭我在饭桌上说了,我说得到了苏方的表扬,这事就过去了。等"文革"的时候出事了,代表团里有人揭发就说苏方指定他当副主任。这个人是孙维世的大哥——孙泱。孙维世是青艺的导演,周恩来的干女儿,林彪在苏联追求过她。1940年前后在苏联留学的,学戏剧的,孙炳文的女儿。孙炳文是跟孙中山在一起的,第一次国共合作的时候是秘密党员,担任过黄埔军校的政治部主任,他跟周恩来是很好的朋友。朱德入党的时候,他和朱德在德国是住在一块儿的。"四·一二反革命政变"的时候,他从广州逃出来,逃到上海,一下船就被蒋介石抓了,枪杀了。我给当翻译的这个孙局长是孙维世的大哥,孙炳文的大儿子,他到日本留学过,只去了一年,1936到1937年。1937年抗战爆发以后,他从日本跑回了上海。他妈也是地下党员,把他和他妹妹带到延安,到了延安就在朱老总身边来当秘书。这样解放后到了国家计委当局长。

"文革"一开始没有多久,孙泱那个时候是人民大学的党委副书记,副校长。江青就说他是苏修特务,日本特务。江青想把他整死,因为他最了解当时延安的情况,而且孙维世被林彪追求过。那是在林彪治病的时候,江青在莫斯科疗养,孙维世给他们当过翻译。"文革"的时候,她是金山的老婆、大导演,长得很漂亮,他们把孙维世抓起来了。而孙泱到苏联只去了一次,其中那一句话是我翻译的。那段时间我看了江青讲话以后,我天天睡不着觉,就怕半夜把我抓了,那个时候抓人都是半夜抓,白天动静太多,他们都是秘密地抓人。我天天睡不着觉，突然有一天看小报——孙泱自杀了！在床上吊死的，到现在还是个谜？孙泱死了以后，人民大学的造反派找我来调查，说这话，有没有，你在场。这个时候我已经不害怕了，孙泱已经死了，如果孙泱活着没准就把我逮走了。我就全说了，我就实话实说，这不是问题，前前后后怎么回事。问我很细，因为江青一说他是苏联特务，我是首席翻译，我也跟他挺熟，他们还问见过他给苏联情报没？我说，没有。人家还说，舞会的时候他跟苏联人跳过舞？我说，这是有的，他会跳舞。他说在这个场合能不能递情报，我说我哪知道，我要知道我也是特务了。问了很多很细的问题，都叫我给顶回去了，就算了事了。

"文革"因为我一句话就批斗我半天。红卫兵大串联，我每天都坐的114路车挤得要命。到了办公室，我自言自语说了一句，看来坐车也不能"温良恭俭让"。毛主席语录有一个话，"阶级斗争不能温良恭俭让。"我坐定了，倒杯茶，抽支烟。那个时候反正也没事，我本来一个人一个办公室，结果给我轰到十几个人大屋。坐了一会儿，没人了，就我一个人了，我还猜想他们干什么去了——开预备会去了，要批我！然后突然过来一个人，说，你过来一下，开个会。我就过去了，"你刚才上班说什么了？"我说："没什么，我想不起来了。我就说了一句话——坐公共汽车不能'温良恭俭让'有什么不对的？"他们说，这句话滥用毛主席语录！毛主席说"阶级斗争不能温良恭俭让"，你坐汽车用了毛主席的语录了，这是滥用！他们挨个发言，揭发我，我也不理他们。我就拿张纸在那儿画小人，画房子，瞎画。有一位60多岁的老工程师，1930年代中大毕业的，当时就上来了，一下就抢走了我的纸，就说，"你干什么，有没有反动标语？"我说："我都瞎画的，没有！"他说："批你，你不好好做记录，还瞎画！？"我说，那我就不画了，批吧。批到十一点半，该吃饭了，我以为下午还批，下午不批了。

有一天,早晨一上班我一看走廊里给我贴了大字报,说"资产阶级思想严重,爱抽好烟"。我一生气出门就到烟铺买了比我平常抽得还好的烟,买的是四毛九的"红牡丹",平常我抽"前门"。回来以后进屋就一人发一支,会抽不会抽的都尝尝我这个"好烟"。我也不说什么,只给他们好烟。还真没有人说不要,都收下了。因为那个时候给我戴不上任何帽子,但是就是压着我,批我。

他们还说我是"彭真的黑爪牙"。我说,我还跟彭真挂上了,那我官还太小,跟彭真挂不上号,若挂,起码给我司、局长当当,工资也得涨啊。

"文革"当中,一次开全建工部的大会,上千人的大会,一个清华毕业的造反派头子,把我揪到台上去了,一边批我,一边让我坐飞机,坐了有十分钟。要知道坐飞机不是在那站着,要拿喷气飞机的架势——低着头,脑袋朝地,我做的姿势比较标准,若不标准,红卫兵上来按你脑袋更难受,你标准了就不按你了。这是有经验啊,别反抗,配合。他在那发言有半个多钟头,批这个批那个。当时我很明白,我估计那小子要整我,我心里清楚,上午参加大会,我看旁边有人看着我,怕我跑,我就采取主动的办法,"你别站在那,坐我旁边来。"他说,不坐,不坐——被我识破了。中午,我跑回家吃饭,吃得饱饱的,准备下午挨斗。我曾想两个办法,一个是溜,跑公园待着去,你找不着我;再一个是还参加会,你要叫我上,我就上。最后琢磨还是参加会,别溜啊,明天你不还得上班,上班该往死里整你,我胆子大,有什么了不起的。我那时候也不穿呢子大衣,草绿色的军棉袄,蓝军棉裤,上去了。

林彪那时候搞"动员搬迁",我也负责整个建研院西郊大楼的搬迁。1969年冬天,林彪发了一号命令,说苏联要打来了,备战搬迁,北京一些单位都要搬迁到内地疏散,机关都撤销疏散,建研院也疏散到河南。大部分都到干校了,留少部分人搞业务班子,业务班子整个搬迁，图书馆，资料馆，就是情报所的摊子都让我管搬家，把图书、资料都打捆装火车运到河南，"军管会"指定我负责搬迁这个图书馆。有一间屋子是原来历史所的，什么东西也不知道，把钥匙拿来我进去一看，资料很多，满满一屋子，都没有乱套。我一琢磨这玩意儿要搬到河南不乱套才怪呢。再说，弄丢了，麻烦大了，里头还有机密资料。我说，这个不能动，要封存。这一招就保存了那些资料。我说，干脆别动了，动了容易损失。之后，我又指定了专人负责，我就去河南了。这边指定的负责人挺负责的，隔三差五去检查，漏了雨把资料浇湿了，他还负责都晾在地下都给晾干了，再放回去。等到新机构恢复了以后，就在楼里，纹丝没动，这些资料全给保留下来。我若对"军管会"一说，这些"封、资、修"的东西没用，当废纸卖了，一句话的事。因为"军管会"那位管事的人，据说在部队是管伙食的，啥也不懂，大老粗，这事知道的人不多。搬到河南的主要是图书馆的东西，我让他们拣出重要的，带到河南，运了一两个车皮，1972年又搬回来了。现在古建研究所那些资料保留下来的，要不叫我，全都没了。

"文革"简直是瞎胡闹，原来出版社有一位搞发行的主任，是重庆新华日报的排字工人，后来国共谈判失败了，1946年重庆新华日报撤退时，美国"三人小组"的马歇尔将军派飞机把在重庆的党员，即周恩来安排的名单上的人都撤退到延安，这个发行主任就是坐马歇尔的飞机飞到延安的。"文革"批斗他，说他是地下党员怎么坐马歇尔的飞机？你有问题！他是四川人，他说，没有问题，周总理安排的。这也不行，叫人马上批斗他。这个人是工人出身，非常老实，干工作不惜力，人品挺好的，他跟我关系挺好，他说"文革"开始时他到人民医院去看病，看病挂号问，什么出身？他老实说是工人。什么家庭出身？地主。他家庭是个地主，要说贫下中农就没事了，他还如实地说，就不给他看病，不给挂号。

出版社那个老社长在百万庄坐103无轨电车，一上车红卫兵把车门，问什么出身，你要是"贫农、下中农"坐这儿，"地主"滚蛋下去。他也是老实人，你就说个"贫农"不就完了吗，他是"中农"出身，就如实说了。红卫兵不懂什么是"中农"，光知道"下中农"，"中农"反正不是"贫下中农"，也不是"地主"，就让站着。我还认识一个人，1966年冬天跟人家打"派仗"，那小红卫兵也问他什么出身，他瞎说，"老子八辈子要饭！"对方就不敢说话了。

　　我老伴儿那时在医院当护士长。红卫兵来闹，挨个问大夫们什么出身，有人说"地主"，"地主"不许给人看病。问我老伴儿什么出身，说"城市贫民"，让小孩一边闪着去，那小孩就不敢怎么样，"地主"怎么着，没他看病你们有病怎么办，一边闪着去！小孩也不敢怎么着，太厉害了。他们医院有一个大夫不会唱歌，早起的时候站着唱《东方红》，他不唱，别人就说，你怎么连《东方红》都不唱？那大夫老头说，"咱爷们从来不会唱歌！"就这一句话，下班以后就挨顿批斗，缺德透了。

　　她们医院有一个看大门的大爷，东北人，解放战争和抗美援朝时是东北担架队的，就是在前线扛着担架救伤员的，解放后就被安排在医院看大门。这老头儿挺勤快，扫院子什么都特认真，他那个奖章每天戴着，穿个白大褂。他把厕所的纸都收起来装麻袋，然后卖点废纸，挣点小钱，张嘴就"妈啦巴子"，确实是"贫下中农"。抗美援朝时他穿着大乌拉鞋一跑就多少里，从东北解放战争一直到抗美援朝。他老头儿是老资格，没媳妇儿，没孩子，没人嫁给他。就这样一位老实巴交的有功之臣"文革"当中也挨整了。整他"贪污"！贪污什么？就是那废纸卖点钱花，老头儿就爱喝两盅，就是卖废纸弄一两块钱，上对门的小铺喝一盅，来一盘花生米或者什么玩意儿做小菜，下了班喝一盅坐到那儿，为这挨了一顿批斗，站在那儿叫人批斗，最后也不了了之。没道理的事多了。那时人都是盲目的，没有什么明辨是非的准则，人都很单纯，有些别有用心的人趁机想向上爬。

从1950年代开始一直到1971年，我倒霉倒了好几次，挨整，我也整过别人，挺复杂的。这一段，社会阅历最多，我没有主动地整人，都是被动的，就是领导委派去整人。我也保护了一些人，有的我力主保护，也没有保护下来，那我也没办法。"文革"从我挨整挨批以后我很少说话，"文革"对我来说，挨整靠边站，耽误了很多时间。

"文革"后，还有一次叫我"反思"，他们胡说我是参加游行了，我根本没有去。部里党委、办公厅、人事司一帮头头来了，一大帮人宣布说，别管工作了，好好反思。我说，可以。"不管工作"是不是"停职反省"？他们说，那不是。我说"停职反省"那叫处分，不能随便给处分，不管工作，那奖金是不是照发？我讽刺他们，这帮人居然听不出来；他们说，奖金没事，照发！我说，行了，爱怎么着就怎么着吧。从那以后我天天中午从家带饭，根本不在食堂吃，你不让我管工作，我也不管了。我天天中午一瓶啤酒，或者弄一瓶白酒喝一中午，小青年跑我那儿蹭酒喝，喝得晕晕乎乎的，我从家里把行军床拿到办公室来，然后把办公室的椅子拿走，中午睡一大觉，睡到三点。整我七个月，也长胖了。我有经验，我知道运动一开始谁也顶不住，向来是极左的风潮，别跟他较劲，越较劲你越倒霉。他怎么说你怎么来，他说让你写检讨，你可以写一万字，无限上纲，但事实千万别胡说。这样，运动中你就能保住自己。一风吹，那一万字全烧了，最后二百字都不到，一百个字过关！然后给我涨一级工资，整我整错了但又不认错，给我单独一个人提一级工资！后来整我的那些人都退了，也没有人理他们，我都不理他们。还有一个家伙见了我就躲，怕我骂他，怕我揍他。

## 我心中的两位好领导

从 1949 年参加革命以后,这一辈子几十年来,除了科处级顶头上司之外,由于工作关系还接触过不少局部级乃至中央领导同志。他们都给了我许许多多难以磨灭的记忆。他们的言行举止,思想作风使我终身受益匪浅。这些老革命都是从青年时代起就在血与火的革命斗争中受到洗礼,从而成为我们中国革命的一代精英,也是我心底里的英雄楷模。在这本小册子里,我只说了他们生活工作中的一些小事,而故意隐去了他们的姓名。这当然是千思万虑的结果,不得已而为之。之所以在这里单独说说,一是因为与其他小题目不搭界,再就是因为他们在短短的生命中遭遇到令人难以置信的不幸。也并不是因为他们给了我什么好处,只是因为跟他们工作,觉得舒畅,也只是因为时至今日几十年来,从没有人提及他们。不是因为他们都是完人,没有缺点,而是因为他们的经历会给我们一些启迪。

建筑工程部"四清"后接替刘秀峰的部长叫刘裕民。[①]他刚

---

[①] 刘裕民(1914~1970年),山西太原人。1934年加入中国共产党,曾任曲沃牺盟会特派员、夏县县长、太岳军区分区政治部主任、阳城县县长、太岳四专署专员、太岳行署副主任。建国后,历任福建省实业厅、工业厅厅长,省财委副书记等职。1953年调建筑工程部直属工程公司经理,建筑工程部部长助理、副部长、部长、党委书记、国家建委副主任。

刚上任部长，就带领我们部里一些年轻科处级干部10几个人一起出差。有趣的是只有一位局级干部。我曾跟他一起出差了几个月，他很有头脑，出差就是搞调研，深入工地，在建筑工地上与工人同吃同住同劳动，向工人调查如何做思想政治工作，并考察当地工程局的领导班子和技术革新。我参加了政治思想工作组。原建工出版社社长杨俊任组长，他那时是部政治部办公室主任，有工人反映，白求恩不远万里来到中国，白求恩了解中国情况吗？成天让我们学习，这有什么意义呢？整天忆苦思甜，弄得我们忆一次哭一次，难过得很。政治思想工作能不能有些新的内容来充实？我就把这话给他汇报了，就是工人说白求恩、黑求恩不远万里来到中国，了解中国情况吗？说了以后部长回来在部里做报告就把这话重复了。"文革"一来，批斗他，就成了一条罪状了。后来我一听这成罪状了，心里一直有疙瘩，这话不给他汇报就好了，他也不知道，这一汇报弄了一条罪状，真是多余。

这位部长，"文革"中被打倒，爱人是中组部的局长，"文革"中自杀，儿子大串联时在狼牙山摔死了，岳母也自杀了，真是家破人亡。他自己得了重病，被隔离在集体宿舍，无人照顾，即使生病，手持拐杖，也自己去大食堂打饭吃，不幸在"文革"中病故。

其实他那时候很想听工人的心声，就要求我们做调查，我们都说真话，不是经过加工的。在工地上我们就搞了将近一个月，跟我们住一块儿，不过他单独一间大屋子，吃饭服务人员给他送上去，别的都和我们一样。他指导我们工作的方法也挺好的，开始给我们三个人布置工作，下去到工人当中开座谈会摸情况。比方说礼拜一布置，礼拜六汇报。我们一到礼拜六给他汇报，他听的过程中就插话，或者是提问题，让我们再深入，一个礼拜后他再听汇报，然后就再提问题，我们再深入，叫我们到第四个礼拜就开始写报告了，情况摸得非常透。不是出去参观两天，回来说是去调研,而是深入了解,一遍一遍地深入。他很有工作方法,对我们照顾也非常好。工地上也没地方洗澡,半个月都不洗澡,他吩咐给大家找个饭店洗一次澡,不光是部长自己,他的随员都得带上,找个车给大家拉去洗个澡,他就是这样照顾大家的。还有一次坐火车从兰州到西安,半路上铁路坏了,回来了,改成第二天再走,在饭店里住一宿,第二天再走。部长说,行啊,明天的火车票,包括我们这些硬卧的,你铁路局长都得想办法给解决了,意思你光照顾我不行。

  这位刘部长是"一二·九"山西学生运动的领袖,抗战时候是县长,很厉害的,高中毕业,人挺能干,是修建长春汽车厂一家建筑公司的总经理,有正义感,明白事理。举个例子,1965年我们跟他到西安以后住在一个饭店里,那时候部里有个保卫处长,他认为我老杨挣工资多,让我去小卖铺买两盒"大中华"请客,我说这没问题,我们俩就去了。结果不卖,说是给外国人预备的,中国人不卖。我们就火了,那时候年轻气盛,大鼻子来你就卖,小鼻子来你就不卖,你这饭店给谁开的,我们是住在这儿的,你看住宿证!?"住这儿也不卖。"那中国人生产烟都给外国人生产了,就跟售货员干起仗来,经理也来了,还是不卖。这个经理晚上碰到部长打小报告了,告诉部长说你的随员要买"大中华",我们按规定不卖,他们跟我们吵架。部长没说什么,只是一笑。当天晚上,我们俩卷行李走了,到工程局招待所去住,不在这儿住了。第二天早晨部长找不着我俩,秘书说他们俩打了一架跑回招待所住了。部长就要车来招待所看我们俩,他也不提我俩跑了这事,笑笑就完了,根本没批评。后来我们分析,这老头子思想跟咱俩一样,心里他也不爽,他也觉得不是事。因为他是"一二·九"出来的,他也是知识分子,有同样的思想感情,所以我对他印象不错。抗战时期和抗战前的一些干部,其实他们人品还是挺高尚的。

所以我后来很愿意跟老红军干活,他觉得我没念书,文化程度低,靠你呀,是持这个观点。所以,跟老干部工作还是顺心的,当然人是有区别的,也不能一概而论。

以前出版社有一位冷拙的副社长就是这种人,前些年过世了,这人也是后半辈子不得志。他就是这样,可以说他是"甩手掌柜的"。他是部队团长下来的,只要他认为该做的事,就放手让你们去弄,还常说,错了我负责,我检讨。这老团长是打仗出身,九一八事变以后从东北跑到关内,参加张学良的部队抗日,后来参加共产党,参加解救北京的监狱,然后在西山打游击,他是连长,挺厉害的。他第一个媳妇是抗战初期被日本人打死的,打死了以后他骑着马拖着尸体,拖到一个地方给埋起来了,够痛苦的。然后八路军到东北他又去了,打长春郑洞国那个司令部,打日本的中央银行,他打进去了。打到地下室,地下室有金库,金库的门打不开,没钥匙,钥匙被国民党拿走了。后来他说那不是有通道吗,把小炮架到通道那头,打那个钢门,开炮!子弹到钢门又弹回来,小钢炮都打不了,那个金库设计是相当坚固的。他那个时候叫丁丁,丁丁独立团的团长。

解放后他转业了,也不太得志,1959年也挨整,有人故意整他,整他"右倾机会主义分子"。反正他也看不惯什么"大跃进",什么"人民公社",说了点七七八八的话,"文革"又挨整。"双十二事变"时,他在西安,他是张学良学兵团的成员,他就住在钟楼上。工作都给整没了好几年,也是东调西调,后来晚年没做什么事。解放战争时期,1946年还被关押过军事法庭审判。因为他在县里头当公安局长,这个县被国民党军队攻垮了,有的人就牺牲了,他是公安局长,再加上年轻也灵巧,跳窗户跑了没抓住。国民党没抓住,回部队就把他送到军事法庭,别人牺牲了,你怎么跑了?经过审判以后没问题,就给恢复了工作。还有一次东北土改时,有一个

"回避"政策,比如说你家是地主,你就不能回家,因为抗战十来年,他从东北就跑出来参加抗日了,就没回过家,1946年回到东北以后他想回家看父母,带着警卫员回家,后来人家又给他汇报,说他带着枪回家,"反攻倒算",其实没什么"反攻倒算",也挨整。到"文革"的时候这些事都抖搂出来了,又挨整,"文革"后给平反了。赋闲了几年,被分配到社科院一家研究所里,任党委书记。

## 调来调去

　　1957~1967年这个期间，我在、专家工作室、基建出版社、建工出版社、工业出版社，然后到办公厅、情报局、情报所、"四清"办公室，调来调去的。我那个时候是一个低潮，我这辈子好像就是低潮后马上就起，低潮没什么事干的时候、叫人贬低的时候，没多久我就又起来了，四清工作团以后我就是一点点又起来了嘛；另外一个问题就是遭人嫉妒。因为"文革"当中我是两派都没有参加，属于"逍遥派"，但是"军管会"成立以后对我还是比较重用，什么搞专案这个那个都让我弄，我人缘也还可以，也没有让我下放干校，留在业务班子里。

　　我这一生换的工作岗位特别多，遇到的事儿和人也多。上面只考虑自己管辖的工作需要，而根本不考虑你的专业，你有什么前途，怎么培养你，怎样提高你，你在这儿能干的更好，他根本不想这个。我们的干部分配都是这样的，领导认为哪里需要就让你到哪里去。当初20世纪50年代要是派我到苏联学习，我根本就不用再学俄文，直接就去了，而且听课什么都没有问题，但不派你，工作需要我当翻译。

　　先当革委会副主任然后又当副总编，为什么当副总编，不安排总编？当时出版社有一位一级总工程师，是全国政协委员，咱跟人家比不起，要给他落实政策，给他落实就把我扒拉下来，扒拉到副总编。但是他当总编以后，我当时大权还没有旁落，因为我是主管编辑工作的党委成员，他是非党人士，大权还在我手里。

1970年代到80年代初我在建工出版社干得挺起劲，1984年又把我扔到环保出版社。这个时候建设部管环保，国家环保局归建设部管。正部长李锡铭，就是后来北京市委书记李锡铭分工管环保局。环保局成立环境科学出版社，弄了一两年也没弄起色。环保局有两个局长，其中一个跟我以前认识，他知道我，就联名写信给李锡铭要调我过去，把出版社给弄起来。讨论时萧桐副部长不同意，他主管建工出版社，认为我在建工干了这么多年调去干环保不合适，李锡铭也不好强行。那边儿还总催他，之后趁萧桐出差，开党组会时决定调我去环保，萧桐回来也没法儿说了。这样子李锡铭就让副部长、党组副书记廉仲就找我谈话，我就跟他急了，不去！

把我调走主要是部长们的意见，有的领导也没有阻挡上级的这个意见，根本就没顶，走就走吧。因为那时候我和有的人关系稍微紧张一点，好多事我说要干，他不干，关系就有点紧张。再加上有人在背后鼓动，这老干部不表示反对，后来也后悔了。这老干部跟别人讲这一辈子合作最好的还是杨永生，他跟其他人都合作不来。有的人就是感觉要是我不走，当"一把手"，他们的日子可能不好过；个别人觉得，因为我不听他们的，他们得听我的，我从资历各方面都能镇得住他。比方说我那个时候差不多每个月都把所有的编辑召集在一起开会，把上个月的工作总结一下，把下个月的工作布置一下。因为编辑是龙头，别的部门我不管，再管不就手伸得太长了嘛。开会的时候该批评我就批评，比如说 10 点钟工间操，住在大院里的就回家去捅炉子。工间操 15 分钟，他半个小时都回不来。另外是上班八点钟上班，有的人晃荡晃荡八点半才来，我在大会上都批评，不点名批评。被批评的人就到部里去反映我管得太邪乎了，哪有这么管的。结果部里有关部门就开会讨论，说有反映杨某人管得太厉害，这人也太厉害。一讨论两种意见，有的说就是管得太厉害，有点出格了；有的说现在部里就缺这样的干部，看法不一样。廉部长找我谈话，要调动我的工作。我说，要不让我离休回家，我不到 60，跟他吵起来了，吵的我把玻璃杯都给他用力顿在茶几上。人事司长就坐在旁边，就害怕我把玻璃杯扔地上。我心想你们拿人扔来扔去，干什么呀这是！说完话就想给他们拖着，叫他们找不着我，嘿！天天打电话，催我。这头儿出版社没人跟我谈话，也没人儿告诉我，最后还是胳膊拧不过大腿——党组决定了，必须执行。人事司长说实际上你是"一把手"，给你任命副社长兼总编辑，但是我们不任命社长，不找社长。因为你刚去不能一下子提正局，我们也不配副手，你不是好干了吗，党、政、工、青、妇都你管。

到环保局不到一年，在我的不断要求下部里就把我调回来，开始筹备报社，筹备一段时间，中央不批，在部里办公厅待分配，干点临时差事。环保局里有两个处长想当官，又觉得出版社是一块肥肉。有一位处长一下子提了副局级到出版社当社长，不到一年俩人因贪污进监狱了。

我刚调到环保出版社不到半年，就在紫竹院开中秋晚会。那时候正部长换人了，就是后来上海市委书记芮杏文[1]，我把芮杏

---

[1] 芮杏文，1927年4月出生，江苏涟水（今灌南）县人。1945年加入中国共产党。曾任国家计委副主任等职、中共上海市委书记、中央书记处书记。

文请来了。刚上任不到一个月我就请他到环保出版社参加中秋晚会,环保界的各方人士我都请来了。芮杏文很聪明,晚上七点开始,他晚上六点半就来了,也借这个机会来认识各方人士,表明他很深入基层,很了解情况,这半个小时他找我聊天,聊出版社的情况,问出了一些什么书,准备出什么书,有多少人等。开起会来要他讲话,他从我这儿刚掏的东西马上就讲,下面那些人就觉得他真了解情况其实他是现发现卖,但也很有能力,会办事。

## 发挥余热

我不只一次挨整，最长的被整了七个月之久，但是被整了以后，我都能够任劳任怨做好新的工作，挨整处于逆境的时候仍然能够以工作任务为重，不考虑个人得失，努力做好新的工作。因此，过不了多久，又能够得到新领导的重视，仍然能够东山再起，担负新的任务。也就是说任劳任怨做好新的工作，不是我的总结，而是我从我这个历史发展过程看出来的，做好了，客观上又得到别人的认同，一得到认同我就又上一个台阶，所以这一辈子没整垮。那么离休以后更是自如自主地做工作，就是从六十三岁以后，到七十多岁，在这十多年里，我觉得我这个晚年发挥了余热，我特满意。这十多年做的工作，比上班做的事都多。

我的书社会效益都好，我编的和写的共有几十本书，都给历史留下了宝贵的资料，好多东西都是过去没有人弄的，我都把它弄出来的。比如那个百家系列书中的《建筑百家回忆录》（两本）、《建筑史解码人》、《建筑百家谈古论今——图书篇》、《失去的建筑》等等，以及两辑"台湾建筑师论丛"。我费了很大劲自己动手写下了两本书——《中国四代建筑师》和《建筑百家轶事》。

20世纪90年代初在哈建工阶梯教室讲过一次大课。讲完了我问张伶伶院长反映怎么样，伶伶说没有打瞌睡的，也没有从后门溜号走的。他说这就算成功，现在的学生不管那一套，不管谁讲，不高兴了就打瞌睡，不愿意听就陆续走了。而且我也有我的讲课方式，看时间长了，我就来一个噱头，大家就是想打瞌睡都打不了。但是因为我对讲课没啥经验，我边讲边拉洋片（放幻灯片），叫伶伶给我找了个助手在底下拉洋片。讲着讲着就忘了拉洋片，就灵机一动说，咱们今天不是讲到什么就拉出什么的照片，而是讲这一段就一起放照片。比如说讲半个钟头拉20张，灵机一动这么一讲，瞒过去了，实际上是我忘了。

讲完后，香港的钟华楠让我把讲的东西整理好，登在香港建筑学报上，这我又费了一番工夫，整理写出来，就登在香港建筑学报了。登了以后在香港有很多人反映说不知道大陆这么些情况，头一回了解大陆这几十年建筑界的一些变化，一些情况。老钟又建议我出本书，这样我就写了一本书，又充实了一些著名建筑师个人资料。出来以后反映还不错，也有人说真是没想到有这么个写法，对《中国四代建筑师》这样分析，倒是没有听到不同的批评意见，报刊上还有专家写了书评。

香港的老钟说最好把它译成英文，在英国出英文版。2000年初他帮忙联系牛津大学出版社，牛大出版社给回了一封信，说：今年的计划排满了，以后再说。到如今也没能出英文版，关键是译成英文稿费很高，我付不起，所以，也没再联系。我们的对外宣传还不行，外国人很不了解中国状况。

附杨永生翻译、撰写、主编各类图书目录如下：

## 20世纪50~60年代与他人合译的图书

1.《苏联新经济政策》 东北财经出版社，1953年出版

2.《如何编制基本建设计划》东北财经出版社，1954年出版

3.《苏联国民经济计划》 人民出版社，1956年出版

4.《外国经济》三联书店，1962年出版

### 编著图书

1. 选编《台湾建筑师论丛》第一辑，中国建筑工业出版社，1986年出版
2. 选编《台湾建筑师论丛》第二辑，中国建筑工业出版社，1987年出版
3. 主编《古建筑旅游指南》，中国建筑工业出版社，1986年出版
4. 与张法亭合编的《企事业改革家列传》建设卷，辽宁人民出版社，1989年出版
5. 主编《外国名建筑》，中国建筑工业出版社，1990年出版
6. 与他人合编《海南投资指南》，中国建筑工业出版社，1990年出版
7. 编《建筑文库》10册，中国建筑工业出版社，1996年出版
8. 主编《中国古建筑全览》，天津科技出版社，1996年出版
9. 主编《中外名建筑鉴赏》，上海同济大学出版社，1997年出版
10. 编《建筑百家言》，中国建筑工业出版社，1998年出版
11. 与明连生合编《建筑四杰》，中国建筑工业出版社，1998年出版
12. 编《中国建筑师》(中英文版)，当代世界出版社，1999年出版
13. 与顾孟潮合编《20世纪中国建筑》，天津科技出版社，1999年出版
14. 与罗哲文合编《失去的建筑》，中国建筑工业出版社，1999年出版
15. 编《建筑百家回忆录》，中国建筑工业出版社，2000年出版
16. 编《建筑百家评论集》，中国建筑工业出版社，2000年出版
17. 编《建筑百家书信集》，中国建筑工业出版社，2000年出版
18. 撰写《建筑百家轶事》，中国建筑工业出版社，2001年出版
19. 与童明合编《关于童寯》，知识产权出版社、水利出版社联合

于 2002 年出版
20. 撰写《中国四代建筑师》，中国建筑工业出版社，2002 年出版
21. 编《建筑百家回忆录（续编）》，知识产权出版社，2003 年出版
22. 主编《建筑百家言——青年建筑师的声音》，中国建筑工业出版社，2003 年出版
23. 编《1955~1957 建筑百家争鸣史料》，知识产权出版社与水利电力出版社 2003 年联合出版
24. 主编《中国古建筑之旅》，中国建筑工业出版社，2003 年出版
25. 编《建筑百家杂识录》，中国建筑工业出版社，2004 年出版
26. 编《记忆中的林徽因》，陕西师范大学出版社，2004 年出版
27. 与罗哲文合编《永诀的建筑》，天津百花出版社 2005 年出版
28. 与刘叙杰、林洙合著《建筑五宗师》，天津百花出版社 2005 年出版
29. 与童明合编《童寯文集》四卷，中国建筑工业出版社 2000~2006 年陆续出版
30. 朱启钤辑本，梁启雄校补，杨永生续编文献标点《哲匠录》，中国建筑工业出版社，2005 年出版
31. 与王莉慧合编《建筑史解码人》，中国建筑工业出版社，2006 年出版
32. 与王莉慧合编《建筑百家谈古论今——地域编》，中国建筑工业出版社，2007 年出版
33. 与王莉慧合编《建筑百家谈古论今——图书编》，中国建筑工业出版社，2008 年出版
34. 与王莉慧合编《名师自述》，中国建筑工业出版社，2008 年出版
35. 与崔勇合编，朱启钤著《营造论——暨朱启钤纪念文章》，天津大学出版社，2009 年出版

## 忆旧思今哈尔滨

　　哈尔滨的城市文化基本上都不是原先的了。城市规划原来的格局也都变了,破坏了,乱套了。原先道里感觉真的很好。道里、道外、南岗、马家沟完全是不一样的,道里整个是俄国城市,道外是个中西合璧的,道里的规划好,道外的规划有些街区并不好。

　　原来的哈尔滨从硬件到软件都是俄罗斯的,我1950年代到西伯利亚去,有些方面感觉和哈尔滨一样,完全一样!到西伯利亚的伊尔库茨克,到了郊区走了一圈,和南岗、马家沟感觉完全一样,从空气到人文各方面,城市都很像。人家俄国人建设的嘛!而且有俄国人在那生活。

　　20世纪30年代40年代,秋林公司中国人很少,基本上不见。有人说"逛秋林",根本不可能!售货员都是俄国人,不懂中国话,中国人买什么啊?又不会说俄语!另外,他卖的全是俄国的东西,中国人又不喜欢。饮食习惯和他们完全两码事,穿戴、买东西的方式都不一样。中国人去干什么?另外,你如果穿得破破烂烂,根本不让你进,有留着大胡子的俄国人把大门,你要穿戴整齐,他就非常客气。生活水平其实挺高的,特别讲究,文化程度很高,都是贵族,十月革命跑出来的。

跟我家住一个院的一个俄国军官，我后来看《安娜·卡列尼娜》里面的"沃伦斯基"完全是那个形象，高高的个儿，像我这样的个儿，穿的笔挺，胳膊腿都是直的，留个小胡子，帅着呢。别人告诉我，他就是白俄军官。我那时候小，他儿子跟我在一块玩儿，那个白俄军官特别的儒雅，吃、穿、戴，你别提多讲究了。

我在哈工大上学前后，在公司街铁路局那片家属房，日本人住了一些，但是没有完全住，还是中国人、俄国人为主，里面很好的，我都去过。一看就是俄罗斯民居，很舒服的，前院、后院种的丁香花。我一个乡亲，列车餐车的经理，他就住半套，所以我去了。那个小房尺度特别好，窗台很低。哈工大的学生，如果家在外地，有钱的话住在俄国人家里，就和现在外国人住家一样。俄国人有钱买几间房，年纪大了，就靠这个为生。出租这么一间，给你洗被、褥子、洗衣服、做饭、打扫卫生，一月给多少钱，很便宜的，全吃西餐。早起吃完了西餐上课去了，下午下课回来进屋吃饭，晚上再吃饭，做功课，多好。一个俄国老太太伺候着，就得家里有点钱，一般的地主可以。

昨天[①]我闺女拿来了一个哈尔滨大面包，别人送给她的，她给我送来，结果打开看里头长绿毛了，这在过去是不可能发生的。过去的面包必须是当天做的，如果今早晨卖面包是昨天的，你这个商店就完蛋了。这个卖面包的商店晚上卖不了，晚上8点钟关门了，全家把它吃了也不肯第二天卖，有个信誉问题。面包房都是夜里生产，白天关门，早晨是五六点钟就生产完了，装车拉走了，要保证新鲜啊，这是生活必需品。而且与今天的大咧巴完全不同，外焦里嫩，皮很厚，很脆。我在工大念书的时候，就在老工大（现哈尔滨工业大学建筑学院）旁边那个公司街的拐角就有

---

① 录音当日2011年11月23日

一个早点铺。很简单，比这屋子大点不多，10平方米左右，摆几张小桌，上学8点钟上课，7点半到那，牛奶在炉子上热着，给你倒一玻璃杯，也就是400毫升，红肠这么长一根10厘米左右，早点，站那连喝带吃。面包都是早晨五六点钟打出来的，特别痛快、舒服，学生很多，没座都是站在那，拿个杯子，拿着个面包，夹个肠，一口一口，吃完了，上学去。中午在地下室食堂也都是俄餐，当时哈工大全是俄餐。

改革开放后，我到哈尔滨道里一家刚开办不久的俄罗斯大菜馆用餐，想品尝一下告别了多年的俄国大菜，朋友们还特地介绍我去，说味道挺好。出乎我意料，进去以后竟无人招呼，与1954年到苏联一样，女服务员扎堆聊天，你不找她，她们谁也不理你。我用俄文问她，有什么好吃的，她说这是菜单，自己看，又问什么，都不理不睬的。吃了一餐味道远不如1947年哈尔滨铁路局和哈工大学生食堂的俄式大菜。后来，问了问哈尔滨老同学，他们说，那是与俄国远东一家什么公司合办的，厨师、服务员都是俄罗斯派来的。怪不得服务和饭菜质量与前苏联一模一样，原来都是他们大食堂的人员。

后来有一次到哈尔滨开会，由建筑学院张伶伶院长款待会议代表，在道里的波特曼俄式大菜馆吃饭，饭后，北京市建筑设计院张开济大师诚恳地说，这里的西餐比在天津不久前吃过的一家西餐馆的饭菜还好，尤其是冰淇淋我过去还没吃过这么香甜味浓的。要知道，张老是特别喜欢甜食的，他很少表扬哪里饭菜做得好。他还告诉我，解放前在上海人家请客，饭后请客的主人问吃得满意吧，他的一位朋友说，原料很好。不好意思说做得不好。

煤炭、木材、大豆都是哈尔滨的特产，都往外国运，哈尔滨的经济发达，用一些机器都是德国的，哈尔滨是很有特色的一个城市，各有不同的区域功能和形成历史，为什么都把它破坏掉呢？

江北是什么地方呢，太阳岛是个大自然环境，人家并不刻意去修它，而是保持大自然的原貌。人们在城市里生活了一个星期，划船过去接触自然，是这样一种生活状态，非把它搞成什么水天一色、亭子、假山。为什么要把湿地去掉呢，现在已经没了。我有一次去哈尔滨，市建委请客吃饭，那还是一二十年以前的事，我那些哥们告诉说，要动中央大街了，中央大街南头，有人想要拆房子，要盖高楼。我说这怎么行。吃饭的时候我就说了，哈尔滨就不能动，特别是像中央大街，要把中央大街给动了，我告诉你，以后我再也不来哈尔滨了。连中央大街都改造了，哈尔滨还剩下什么，特色都给搞没了。我就同他们说，之所以有哈尔滨，就因为有中央大街。我的好友哈工大建筑学院教授常怀生前些年曾告我，有一次在西欧路遇一位外国女人。当她得知常老师是哈尔滨来的，就说，我小时候在哈尔滨长大，现在中央大街还是老样子吗？可见，中央大街在人们心目中的地位。已经把南岗那个广场都破坏了，难道你们还想破坏哈尔滨仅剩下的一点原有的风貌？

这样一座城市，如果把它的特色保留下来，软、硬件都保留下来，不就很有特色吗？江北修了那么个破玩意，一些教授还都参加了，反正两派意见；一派主张可以修，赞成市政府市委的意见。有人就反对，我说你们当时为什么不请我来，我是主张不要动，顶多修一些堤坝什么的，因为我从小就经常去那个地方，什么沙滩、柳树、苇子，都是大自然风光，给人一种回归大自然的感受。

哈尔滨的江北你要不破坏多好。它是个湿地，哈尔滨现在往江北发展，得修多少桥，和老城区怎么联系。市政府也搞到江北，没见过市政府搞得那么漂亮，相当于五星级饭店，干什么呀，往南发展不更好些嘛，而且保存一个湿地，整个太阳岛保持了自然状态，挺好的。

# 谈建筑

## 一个"大"字了得

现在,我想同你们谈谈我对建筑、城市建设的一些看法。这里涉及建筑界的一些人物。

最近这两年,我想的比较多的是一个字——"大"。人民大会堂、国家大剧院,至于大城市、国际大都会都不绝于耳。总之,离不开一个"大"字。就这么个"大"字,不知浪费了多少财富。建筑学家童寯在总结苏联建筑设计经验教训时指出:"……后来由于好大喜功、铺张浮夸思想在作怪,在1950~1953年间虚掷大量财力物力,造成损失,然后始翻新、改途,实事求是……"万人大礼堂,很少用过万人,最多五千人,浪费了五千人的座位。人民大会堂我们只用了一年时间就建成了。不说建筑本身,这个做法本身就是错的,可行性研究也没有进行,按道理来说可行性研究起码需要半年以上的时间,设计需要一年以上时间。用科学发展观来分析,起码得干三年才能建成,才能避免举全国之力边设计边施工,违规操作。为什么要一年建成?就为了赶上建国十周年庆典。1963年建成和1964年建成有什么不同,人家会说你怎么着,就是一年搞成了,赢得了一片赞扬声,为什么要赶十周年呢?十五周年盖好不也可以吗? 又怎么样呢? 这是一个问题——没有科学发展观,到现在我们还很难落实。

对人民大会堂,我曾经也觉得挺好的,十周年集全国之力一年就建成了,哪一个国家也没有办到,我赞成了二三十年了, 现在看是错误的。这几十年很多事积累在一块,好一个"大"字了得。中国传统就是"大",大唐、大明、大清帝国,蒋介石在南京搞了一个"国民大会堂",紧接着没有多少年共产党又在北京搞人民大会堂,比它还大。它有一个过程,这个过程建筑学界到现在也没有认识到,很多人也没有认识到。再说了,当时没有人敢反对啊,中央提出搞一个万人大礼堂谁敢反对啊? 五千人的宴会厅,谁敢反对啊? 刚打完"右派",想当"右派"啊? 当时不可能的,即便到现在很多人还是这个观点,十周年在国际上有影响的,当然要赶啊。

天安门广场大而无当,两边的建筑低矮,和广场比例关系不对,再加上修了一个纪念堂,广场上一棵树都没有,冬天冷得要死,夏天热得要死,是一个聚会的广场,一年连一次都用不上了,原来纪念碑附近都是松柏树、椅子、草皮都有的,可供人们休息。

人民大会堂本身不错,现在看也还不错,但是问题也不少。里边没窗户的房间也不少,那么大的面积撮在一个里面,各式各样的房间,它必然没法办了。你从东门进去以后,想上某一个厅,不开灯,根本走不了,里边全部都是黑的。许多人没有这个体会,你开会一进去就进大会堂了,灯开着没有感觉。要平时去没有人管你,你根本走不了路,整个是黑暗的,走廊很宽、很大。这个尺度与人的尺度必须是协调一致的,如果不协调,光追求大,必然是一个失败的东西。据说在延安有人就说,等咱们打天下,咱修一个万人大礼堂。至今我查不到根据,谁说的现在也搞不清楚。

1959年就整了个万人大礼堂,还弄了个五千人宴会厅,实际上用于招待五千人的宴会很少举行。

人民大会堂我在那吃过一次比国宴还国宴的饭,请了我们出版社几个人,还有其他协作单位的一些人。主要事由是,人民大会堂要拍照,要做个日历,咱们建工社就派杨谷生和韦然去给他们拍,一分钱不要,每个大厅全拍,全是用那个林哈弗大相机拍的,那时候一切设备,拉电线等等都是他们和我们共同负责,我们也不要钱,我们就捞一套片子。那个时候,人民大会堂是叫做管理局,下面有一个处长跟咱们联系这事。特意找了我,说您国外跑的地方多了,你说我们这个大会堂每年经费很大,我们能不能开放?克里姆林宫开放,美国白宫也开放,咱这为什么不能?我就给他出了很多主意——开放,搞小卖部,搞日历,铅笔,顶上写上"人民大会堂"几个字,再搞一些别的商品,然后你就卖,就挣钱。他们听了我的意见,处长跟我联系很多次,跑我办公室来讨教,然后他们就写报告给中央,中央就批了。转年,他们挣钱了,人民大会堂的挂历,卖了不少钱,结果经费省了200万,知道吧,李先念高兴极了。

搞了一个十万人的鸟巢有什么必要?除了开幕式,现在用过几次十万人的呢?现在敢开十万人的运动会吗?不敢,进不去,出不来,十万人怎么进去,把市内交通都停了吗?我问过一个专家,是不是奥委会提出来要十万人,他说没有,奥委会提出来是五万人,最少五万人。那么为什么搞十万人?而且用不上,花多少钱啊,到现在也没有公布,投资了多少,钢材用了多少,原因就不说了,但是这本身就是错的。西客站是错的,国家大剧院是错的,选址错了,规模也错了,没有这么干的,一个剧院放好几个剧场,那建筑设计怎么弄啊,没有办法弄啊,你体量怎么弄啊。你看西客站交通,没有利索的时候,搞那么大,对交通建筑的理解本身就是错的。交通建筑代表了这个城市吗?越大越代表吗?旅客越多越好吗?当时建西客站的时候,建筑学界有反对的声音,但只是在形式上。没有对它功能上或者说设计上核心的问题提出意见。像我提的这个问题就没有,为什么呢?建筑教育的问题,后续教育的问题,建筑界学的都是画图,对可行性研究问题没有了解,拿任务、挣钱、出名、出利。

人民大会堂旁边又建一个国家大剧院——一个"水煮蛋",两个要同时用不可能了,那长安街的车满了。能上国家大剧院的肯定乘小车,一张票上千元,即使不说一千块钱一张票,八百块钱一张票,谁花钱买?看戏的不花钱,花钱的不看戏,你信不信。国家大剧院开场戏,请俄罗斯来的歌剧,98%都听不懂,我都听不懂俄罗斯的歌剧。听不懂肯定的,中国人你都能听得懂京戏吗?中国人听不懂自己的京戏,听外国的歌剧当然听不懂,也就听得懂几句那不算数。解放前在哈尔滨马迭尔剧场我就听过,在莫斯科也不止一次听过俄国的大歌剧,啥也听不懂,只是看热闹。

提倡科学发展观是绝对正确的,但落实也有相当难度。我压根儿反对在那儿盖国家大剧院,公开讨论时我说过,后来我就不说了。根本不进行可行性研究,为什么空说?多少年都如此好大喜功。在那个交通动辄管制的地方,搞一个大剧院,干什么呀?这种城市建设上的失败,也还有。再说,西客站那么大一个车站,那么大的规模,旅客多少,交通量多大,南广场、北广场,天天都乌泱乌泱的。为什么北京不可以搞8个车站,四面八方,东西南北。老百姓很明白,我去东北,上北站;去南方,上南站;去西边,上西站……搞4个也行,搞8个更好,交通都分散了。车站是越小越好,为什么?行走距离短,越大,行走距离越长。中国人行李多,累死人了。要知道,火车站是通过性建筑,不应该是标志性建筑,在这点上大家有不同的认识。没有人驻足欣赏,大家的心情都是急着上车、下车。人家莫斯科就有好多火车站，上下车方便多了。

设想一下，在首体比赛大厅里头，给你摆一张床让你睡觉，你无论如何都睡不着，对不对啊？就如同在庐山1950年代给毛主席设计的别墅，据说毛主席在那儿待了一中午就走了。到宋美龄的别墅去住了，不在那儿住了。哎呀，这个大仓库似的怎么住啊，这些地方我都看过了，毛主席真是英明！这个就是搞设计的人和指挥设计的人缺乏最基本的常识。

你看人家戴念慈[①]在杭州给毛主席设计的一号楼，那又不一样了。前面正门有汽车雨棚等等，但是他在后面院子里又开了一个门，直接从后面开车进去，跟卧室，花廊都连在一块了。从后门可以进卧室了，进办公室了，据说毛主席没有走过前门，一直走后面，戴念慈有这样的脑子。

但是戴念慈也有败笔的，北京饭店（20世纪）50年代修建的那个西楼，周总理就批评过。总理说，进来就是衣帽间，往前可以看到宴会厅大门，门前有迎宾大厅，进宴会厅要上一个台阶，让我在哪里欢迎外宾啊，我站在哪儿啊？我站在台阶上已经看见人家了，打招呼吧，人家帽子大衣没有脱呢；不打招呼吧，看见了不打招呼，你们弄得我很尴尬。按说，就是在衣帽间脱了衣帽以后过来才能见面，打招呼。总理说，人家那个中楼，就是20世纪初盖的最老的那一个，人家进来是挂衣服，然后走过来一拐弯就是喝茶休息厅，我站在拐弯这边，休息厅旁边这个走廊里面欢迎人家，人家脱下衣帽，头发梳好了，上了一个台阶，然后拐弯我在这儿正好欢迎。高贵的客人进休息厅喝茶，一般的客人请到

---

① 戴念慈（1920~1991年），江苏无锡市锡山区东港镇陈墅村人。建筑大师，1991年当选中国科学院院士。历任中央建筑工程设计院主任工程师和总建筑师、城乡建设环境保护部副部长、中国建筑学会理长等职。

旁边的宴会厅。戴念慈这么设计新楼大厅不合礼仪要求,为什么?他没有这个经历,我估计,那时他不懂得外交礼节。所以建筑师要懂得的东西太多了。你看当初搞钓鱼台国宾馆的时候,搞装修的林乐义①这位总建筑师会花钱,为什么会花钱?他在美国待过,他知道哪儿应该花钱装修。

各个方面都存在一个好大喜功的问题。20世纪50年代张奚若②批评毛主席好大喜功。毛主席的回答,我好社会主义之大,我好无产阶级之功,有什么错。这两句话给顶回去了。我说在建筑上、城建上好大喜功一直贯穿到今天,是中国传统。中国传统很坏的一个东西就是"大"字,我本来想写这个"一个大字了得"的杂文。大清,都垮成那样了还大清呢!在中国的城建上体现的最多,建筑上,什么都要大。我觉得东方文化有这个东西,不管共产党、国民党都是这条线,传统思想影响。

什么都大,大了不一定好,我们有些事,失去了尺度。我有一篇文章,讲城市的空儿和绿地。引发我写文章是老舍和郁达夫两位作家的文章。郁达夫讲北京的绿化,老舍讲北京的空儿。不能都塞得满满的,讲得非常好。我们善于做大,但是从来也不总结这方面教训,大了以后,过大了就失去了尺度。你看旧的城市三层楼、四层楼,街道宽度和楼房的高度,它是人的尺度。华尔街好吗?华尔街并不好,没有空儿非常压抑。就街道与建筑的关系,

---

① 林乐义(1916~1988年),福建省南平市人。1937年毕业于上海沪江大学。抗战胜利后,林乐义荣获美国南方各大学建筑设计比赛一等奖,并到美国佐治亚理工学院研究建筑学,被聘为该校建筑系特别讲师。1950年回国后,历任北京中南建筑公司总建筑师、建筑工程部北京工业建筑设计院总建筑师、河南省建筑设计院总建筑师、中国建筑科学研究院总建筑师、建设部建筑设计院总建筑师、顾问总建筑师,还应聘为清华大学建筑系教授。

② 张奚若(1889~1973年),陕西大荔县朝邑镇人。字熙若,自号耘。中国政治学家,爱国民主人士。早年参加同盟会。辛亥革命后,赴美国哥伦比亚大学学习,获政治学硕士学位。

华尔街不如哈尔滨的老中央大街好。

　　哈尔滨的中央大街现在也不好，现在咱就不说了。就原来那个尺度，有的人就讲，中央大街窄。你不知道，那是个马车时代，用不了那么宽；现在是汽车时代，而你现在修的很多大马路很宽，但是没有与之配套的城市街道，结果大马路旁边的道路还是堵塞，一出大马路，照样堵了。

　　大家不妨再看看很多大、中城市，乃至县城，新建成的政府大楼，及楼前的所谓的"市民广场"，难道不是赛着一个比一个大，一个比一个高档？有的是政府大楼比五星级饭店还五星级。2004年10月我在《建筑创作》上写的一篇随笔叫《萧何的建筑理念》，这里不妨引用一段。

　　"史记卷八高祖本纪中写道：'八年……萧丞相营作未央宫，主东阙、北阙、前殿、武宗、太仓。'高祖还，见宫阙壮甚，怒，谓萧何曰：'天下匈匈苦战数岁，成败未可知，是何治宫室过度也？'萧何曰：'天下方未定，故可因遂就宫室。且夫天子以四海为家，非壮丽无以重威，且无令后世有以加也。'

　　近年来，由南至北的一些地方（包括县级市、省会城市）兴建了一批'壮丽'而又'重威'的办公大楼，其豪华胜过五星级酒店，其规模超越首都任何一座办公楼，其投资之巨大，令人惊叹，不知拖欠多少工程款！其设计理念'非壮丽无以重威'脱离群众，脱离国情，自无待言，萧何当自愧弗如！而且，无不配套以超大绿地花坛，可惜并无人接近，妄称市民广场。"

　　现在，又过了七年，重威的党政机关建筑似更加重威，毫无觉醒之意。近闻，有专家在美国和中国拍摄了不少省州地县政府机构的建筑照片加以对比审视，结论是美国的太寒酸，与经济大国完全不匹配；我国的甚豪华，比美国还富有。这给我老而多病的心又平添了排遣不去的苦涩与无奈。

## 城市发展问题

　　吃饱了肚皮,别再忘了"三农"——农村、农民、农业,一旦忘记了,这问题就大了,十几亿人口肚子,一天装多少粮食,你说国际进口挺便宜,一旦有事,你就吃不上饭了。

　　可耕土地少,绝不能浪费。土地少,就更要精耕细作,要使务农的人们有积极性,就是不要再剥削农民。必须注意节约每一寸土地,不可以浪费土地,我们这二三十年来浪费土地太大了,我为什么说要着力发展中小城市呢?中小城市和农村更接近一点,这样子我们小城市也会遍地开花,接近农村,便于发展农村经济也可以吸纳农村多余劳力、人口,还可以有地域个性。

　　我们现在提的不是"世界大城市",就是这个"中心",那个"中心",这种"大城市",那种"大城市"。什么叫"国际大城市"?作为一个国际的城市,你必须具有国际性。所谓具有国际性,它是多方面的,这里不一一谈及,比方说在贸易上,我要买个钳子,要德国的,不要日本的,那大城市以前就有不少各国洋行。你交个定金,说要买德国什么牌子钳子,很快就给你买来了,从德国进口了,洋行办这事。我从小就知道,因为我爸在现代化的工厂工作,他们用的那个钉子都是德国的,螺丝、钳子全是要德国的。定的是两个月能到货,就能到货。通知你去取货或送货,很简单——国际大城市,首先这商贸你必须具备的。什么叫"国际大城市",瞎吹不是吗?人家世界大城市也不是一天两天建成的,人家有一套办法,能力比咱强,对不对,你这个体制适应不?所以我依然是坚持控制大城市,发展中小城市这样的方针,现在根本不提了。现在发展大城市越大越好,北京现在两千万人口。你想想两千万张嘴,一张嘴一天吃半斤菜,1千万斤对不对?一个卡车拉多少斤？得多少辆卡车往里运呢？北京郊区、远郊区甚至都没了，六环以内没有种菜的。从河北、内蒙古往北京运菜，一天只运菜数量多大！想想大城市、大宽马路还动弹不了，有什么办法？限号！限一天，没准儿将来限两天，限三天，大家买了车在那睡大觉，这城市成什么了——乱糟糟。你说出去散散步，一出门就是大马路，就是废气。马路边散步我是从来不干这事的，就等于吸废气，真的，你们不知道这空气污染多厉害了。发展大城市，为什么不能控制一下呢？我们有社会主义许多优越性，为什么不利用来控制大城市，叫它无限期发展，"摊大饼"，现在连六环路都摊出去了，再摊吗？一摊再摊，城里解决不了，市里交通解决不了。

## 建筑圈里的事

就如同解放以后，中国没有建筑师一样，一个道理。建筑师是1980年代以后才有，以前都是工程师，哪儿有建筑师。但是当年1949年梁思成可以给聂荣臻写封信，解释建筑师是干什么的？聂荣臻是北京市市长。由此可见梁先生贡献很大。他敢写这个信，他能够写这个信，现在有人写吗？有地位的人不写，当年就有"旗手"梁思成干这件事，所以梁先生的功绩就是很大，在许多方面都有功绩，他起到了别人起不到的作用。

你们知道刘秀峰吗？20世纪50～60年代当过建工部的部长，相当于封建王朝的工部尚书，工部尚书没有一个内行的，没有一个讲过建筑，对不对啊？刘秀峰以后这么多任部长，没有人谈过建筑，就刘秀峰一位部长写过《创造社会主义建筑新风格》那篇论文。1965年在"四清"中他被打倒，这也成了罪证之一吧，挨批。

再说童寯①，我对他的基本评价是"不合作"——对新政权在建筑方针上基本上不合作。现在看，这种"不合作"是对的。因为你要搞"民族形式，社会主义内容"，他怎么跟你合作啊？20世纪30年代他就反对在现代建筑上加大屋顶。什么叫"社会主义内容"啊？到现在，谁也说不清楚。张镈说了，社会主义内容啊，就是北京饭店那个厨师工作的地方要提高标准，工人阶级嘛，这叫"社会主义内容"。"民族形式"主要特征那时大家的认识就是大屋顶，又挨批。说学苏联，苏联就是这两句话，把建筑师整的没法干嘛，不知所措。

这里涉及建筑方针问题。关于建筑方针的问题，新中国成立前国民党也有"建筑要发扬固有文化"那个方针，那是1930年代。解放后，一开始就学苏联，就把斯大林那个方针拿过来了，"民族形式社会主义内容"。后来梁先生到苏联去访问，他也赞成这个方针，于是回来他就宣传古建筑民族形式。他盯上那个大屋顶了，其实这大屋顶也是民族形式最突出的表现。一到1955年反浪费就是从这开始，大屋顶投资太大，一"批梁"就把这个民族形式批得一塌糊涂，但是还是坚持苏联这个方针，这两点是矛盾的，是不是？那"批梁"，当时批的人也挺多的，也挺积极的，包括刘敦桢②都不得不"批梁"。正准备大规模地批，《建筑学报》弄了上百篇的批判稿，后来一道命令说暂停，这才停下来。从那以后，

---

① 童寯（1900～1983年），满族，字伯潜，生于奉天省城东郊（今沈阳市郊），1925年毕业于清华学校高等科。同年秋，公费留学美国宾夕法尼亚大学建筑系，梁思成、陈植等同窗学习，是位建筑界融贯中西、通释古今的大师。早在30年代初，进行江南古典园林研究，是我国近代造园理论研究的开拓者。

② 刘敦桢（1897～1968年），字士能，号大壮室主人。湖南新宁人。他是建筑学家，建筑史学家，建筑教育家。中国建筑史学的开拓者，中国古建筑研究领域的先驱者，中国现代建筑学的重要奠基人，中国建筑学教育的重要开创者。在《建筑五宗师》书中与吕彦直、童寯、梁思成、杨廷宝合称"建筑五宗师"。

建筑界就下笔踌躇，不知道怎么干了。号召"民族形式"，又批大屋顶，弄什么呢，弄现代主义的东西吧，又是资产阶级的，那叫"世界主义"，也是错的，就没法下笔了。

我们又强调"适用、经济，在可能条件下注意美观"的方针，"适用、经济"大家是认可了，那什么叫"在可能条件下注意美观"，这就认识又不一致了。一直到1958年弄人大会堂，好像折中主义的东西又出来了，又有民族形式，又有西方建筑元素，这就弄的更糊涂了。然后刘秀峰研究了以后，就提出来《创造社会主义建筑新风格》这篇论文，是在上海建筑座谈会上大家讨论的，然后刘秀峰研究这个问题研究了好几个月，建工部几位大秀才帮他写的。发表以前还送给胡乔木看看，有没有马列主义上的问题。胡乔木[①]是他的大舅子，刘秀峰老婆的哥哥，他老婆叫胡夏清，这样子一种亲属关系。胡乔木看了以后说没问题，符合马列主义，才敢发表了的。

现代主义建筑在中国就没扎根，20世纪50年代就全批倒了，一直到如今，建筑是什么啊？光讲形式啊，七扭八歪，"大裤衩子"。最小的一件事，你上饭馆吃饭，到处有台阶，一步梯，最烦人的是一步梯，摔跤！所有的饭馆地上都写上，"小心台阶"。就这么点事，解决不了，到现在还这么样。为什么那么多一步梯啊？就是一步就迈下来了，一高一低，外行嘛！杨廷宝讲："处处留心皆学问"。我住院，打铃、开灯，像我这1.80米高的人都够不着。搞设计的，搞装修的，人体活动尺寸你都不研究啊？这不瞎扯吗？我躺那儿够不着，中国人体尺寸都有的，设计资料集上不都有吗？做完了手术回来，那个手术车，推进病房转不过弯来，做完手术，

---

① 胡乔木（1912~1992年），本名胡鼎新，江苏盐城人，"乔木"是笔名，清华大学、浙江大学肄业。1932年加入中国共产党，曾任中共中央顾问委员会常务委员、中共中央党史工作领导小组副组长、中国社会科学院名誉院长。

我现找了几个有劲的亲戚，拖着我，抱着、拖着。人体是有尺寸的，床有床的尺寸，屋里应该顺当地把病人推到床边来。我到南京看那个杨廷宝设计的中央医院，所有的墙角都是圆的，没有90度的，为什么呢？怕病人碰啊，圆的好多了。建筑里所谓小地方比现在设计好多了。现在就做不到那么细，就是功利主义——大家都是挣大钱，不挣小钱。再比如有一座老城区要改造，三个月出方案，有一位青年规划师问我，领导让他出方案，您说该出什么方案？我说这个你谁都甭问，上北京国家图书馆看资料三个月，现场踏勘三个月，每个胡同都走，然后研究半年以后，不用问我，你脑子里就有数了。他说，那不行，领导让我三个月出方案，我根本来不及。我说，文献调查，现场调查，然后你自然产生想法。可领导他不懂这个啊，领导要赶快开发，要快出政绩，要挣钱。

　　当时对人大会堂，建筑界就没有人提出不同的意见吗？有，上海六教授就提出不同的意见了，以陈植为首，上海六教授，给周恩来写了封信。周恩来看了以后，因为都是知识分子，通过吴晗[①]把六教授请到北京，在现在欧美同学会那开会，周恩来亲自出席听取大家的意见。提完了意见，周恩来就很会做思想工作，他说，大家的意见很好，以后还会有很多工程要干，你们以后有很多机会。现在已经开工，改不了啦，安抚了一下，六教授都挺高兴地回到上海了。张镈[②]在他那本自传里写了，他写了大家的主要意见。也可能挂一漏万，十年以前，我就下手查找六教授这封信，原件到现在也没找到。

---

　　① 吴晗，北京副市长。
　　② 张镈（1911~1999年），山东无棣人，建筑学家，一级工程师，北京市建筑设计院总工程师兼学术委员会副主任委员。

后来人民大会堂盖好了以后，张镈带他老师谭垣[①]参观讲解。据说，讲到哪，看到哪，谭垣骂到哪。谭垣是位很好的教授，20世纪20年代美国宾夕法尼亚大学毕业的，老头挺好，彬彬有礼，我跟他见过一次面。

　　人民大会堂方案是赵冬日的，还有一个女的叫什么我忘了，他们俩的。这里面有文章，开始中央给的那个面积没有现在大，但是那些方案做出来中央都不满意，装不下呀！后来北京市委书记刘仁给赵冬日透露了一下，要做大，是这么个意思。于是，赵冬日，就做了个大方案，一下就过了。做方案的时候，把全国的有名的建筑师都集中在北京，杨廷宝[②]从来不发脾气，那次发脾气了，不高兴了。他说，要早告诉我们这么多平方米，我们也能出方案。据说，广东的林克明总建筑师对此也很有意见。

　　中国建筑学界到现在还是自己有问题，关注点是形式，上面领导说了算，领导怎么说下边怎么干，学界没有独立的思想和独立的研究能力。在国外建筑评论很厉害，可以跟政府的声音相对话了，这是民主。咱们国家有两种东西，一种东西现在没有开展评论，这个方面没有氛围；一种东西中国有一个传统，不说他人的不是，尤其是建筑界，评你方案的时候，还有我的方案，大家一块评，我不说你不好，我只说我的好，这个上百年都是如此的，旧社会的解放前的建筑界更是如此，基泰绝不说华盖不

---

[①] 谭垣，1903年生于广东省中山县，早年在美国宾夕法尼亚大学建筑系读书，1929年获学士学位。回国后参加上海范文照建筑师事务所，从1931年起兼任南京中央大学建筑系教授，1934年2月起任专职教授。1937年随中央大学迁重庆，并在重庆大学建筑系兼职。1947年到上海之江大学任教。从1952年起任上海同济大学建筑系教授，晚年致力于研究纪念性建筑。

[②] 杨廷宝（1901~1982年），字仁辉，建筑学家、建筑教育学家、中国建筑学会理事长，中国近现代建筑设计开拓者之一。曾多次参加、主持国际交往活动，对推动建筑方面的国际学术交流做出了重要贡献，在国际建筑学界享有很高的声誉。

好①——《千字文》上不是有一句话,叫做"罔谈彼短"嘛!传统的文化,只说我怎么好,不说你怎么不好。

建筑界不按科学规律办事,明白知道也不办。一个是挣钱,一个是出名,你要是厉害的话,我不出这名,我不挣这钱,我也不干你这活,有没有这个骨气啊。就像当年梁思成说了,我不同意拆,你怎么说我也不同意,我给周恩来写信我也不同意拆,不也得留下一点嘛!林徽因指着吴晗的鼻子骂,你拆吧你,你现在拆了,将来你后悔,后悔了你就修"假古董"!现在不是在修"假古董"吗,现在不是还有人想要修复圆明园。(林徽因)骂吴晗,吴晗是学生辈的,当然可以骂他了,你现在有这样的人吗?建筑界能找出这样的人来吗,没有这种人,都是自顾自地挣钱出名。所以我说建筑界没有出息,我一开头就说了。

我们的建筑教育改革还不到位,它把建筑只领会是艺术加技术,实际上建筑是一个综合学科。我觉得,应该懂社会学,甚至统计学都应该懂,材料学更应该懂,用什么材料,就要搞什么东西。尤其现在这么发达,要做前期后期的研究,不懂统计学行吗,不懂社会学行吗?梁先生在1947年时,曾经请过社会学家费孝通②给建筑系开课,开社会学的。费孝通因为忙还是什么事就没答应,后来他写文章说,我对不住梁先生……那个时候梁先生就懂这个事,咱们现在还不懂得。

不要说一讲传统都是好的,这是错的。尤其是建筑,当然要做评论,中国也缺乏条件,不是光看外表,参观一下就行了,得

---

① 基泰工程司和华盖建筑事务所是中国当时最重要的两个完全由中国人开设的本土建筑事务所。
② 费孝通(1910~2005年),著名社会学家、人类学家、民族学家、社会活动家,中国社会学和人类学的奠基人之一,第七、八届全国人民代表大会常务委员会副委员长,中国人民政治协商会议第六届全国委员会副主席。

现场去踏勘，而且还要看图，这两条我们都做不到。有一次在兰州开会，我去了，他们说这是建筑评论家杨老总。我说别说我不是，全中国也没有，他们都很震惊。我只是写过建筑评论的小文章，东一勺子，西一耙子，离"家"差远了。我在文章里说咱们国家没有建筑评论界，该说没有形成建筑评论界。在国外建筑评论界很有规模了，很厉害的，可以跟政府和建筑师互相对话。

我国建筑评论没有发展起来还有一个原因，特别是"长"字号的工程、重大政治意义的工程不便批评。当年，香山饭店盖好后，我与王伯扬用笔名在报上发表过一篇批评它的文章。据说发表后就不让继续刊登这类文章了。

为什么中国没有行业公会，只有建筑学会，几十年了都没有，为什么？公会是干什么的，都不知道，也没人去研究。公会是自我约束的一个团体，设计事务所参加了设计公会，就承担义务和享有权利。你要背后搞猫腻，公会就可以治你，公会代替了政府的一部分职能。我们现在是政府全管，又全不管了，改革开放了这么多年，为什么不研究研究建筑公会？到今天为止，中国建筑学会的理事长，都是副部长，有的是在职的，有的是退下来的。那么一个群众性的学术团体，为什么理事长都是官员，这本身就值得反思。梁思成一辈子没当成理事长，最多是副理事长。唯一的一任理事长专家就是杨廷宝，还是阎子祥让给他的。部党组决定阎子祥[①]当理事长，1927年的老干部，阎子祥他说不行，我管日常事务，我做事，理事长必须是专家，这样杨廷宝才当上。

---

① 阎子祥，山西临猗县人，1911年8月6日出生。1927年10月加入中国共产党，抗日战争时期，任延安鲁迅艺术学院党总支书记。解放战争时期，先后任吕梁区党委秘书长、晋中区党委常委、组织部部长，于1949年8月随军南下，担任长沙市第一任市长、1979年担任国家建工总局副局长，中国建筑学会副理事长。1983年离休。2000年1月7日在北京逝世，享年89岁。

## 还要研究的几个问题

我们"房改"的很多政策研究的就不到位。现在，经过几十年的实践，看来已经发现问题，已经前进了一大步，似已经走上正轨。研究城市住宅的问题，就应该从恩格斯那开始，恩格斯专门写过一个关于住宅问题的小册子。当年在欧洲，社会民主党、工党都研究这个问题。为什么他们这么重视住宅问题，就是为了把无产阶级吸收到自己的政治阵营里来。他们研究了上百年，在这方面的制度和监管都很到位。不说欧洲的，就说眼前，前些年上海派代表团到新加坡学习住宅问题。新加坡政府官员说，我们还是从你上海20世纪30年代的上海房屋管理、卖房买房学来的，你们还来我们这学习什么？这帮人回来一查资料，确实是从上海学的。20世纪30年代，上海的房屋交易管理制度已经非常完善了。

包括哈尔滨，哈尔滨30年代城市的管理是日本的俄国的那一套，很正规，也很值得研究和学习。那时候都是完整的一套服务体系，比方说我看这有空地，我手里有钱，我把这个地皮买下来，然后我建住宅，完工后出租，这不就是房地产开发吗？但是行政手续我都不懂，那有中介公司，服务非常好，可以替客户申请，只要拿服务费就行了。该给多少费用都是固定的。办好后还得申请执照，找设计单位，批准后动工，找包工建筑公司，自己监理也可以。一般的小楼都是自己监理，绝不偷工减料。差点钱，也有人替你办银行贷款。运作已经很完善了。人家那个市政府批准手续也很完善，这是我亲历的事，我们家就盖了两栋小楼。我爸爸攒钱，钱不够了，在日本兴业银行贷的款，还钱是十四岁的我到日本银行还的，然后工作人员把抵押的那个执照什么的都给我了，我带回家完事了。

再讲一个问题，十多年来，中国建筑形式主义泛滥，不讲功能，不讲空间，不讲平面，只讲好看，投资多少不管，平时经营管理费用多少不管，这个建筑存在多少年，赔多少钱也不管，为什么？和建筑教育有关系。建筑教育只管画图，前期调查研究不懂，后期的工作更不懂。现在叫"设计研究院"，以前都叫"设计院"，名曰"设计研究院"，加了个"研究"，实际上设计院很少有做研究工作的。古建研究，多少年来是不景气，散兵游游，没有规划，没有机构，缺人少钱。

还有一个问题，乡村建设很大一块，从规划建设来说，非常落后，多少年来都没人管。农村现在盖的房子，规划和建筑都很落后，没有人管，这是一大块。建筑设计和国际接轨，怎么接？要有自己的特色。没有特色，就没有自己，我是这个观点。引进和西化的关系，出国人员学什么，带回来什么，要充分利用，这些问题都没有解决。每次派人出去学了什么东西回来。我第一次去日本，就到书店一看，很大气，书脊上的书名都很大，咱们此前都很小，摆在书店，读者在一定距离是看不见的，回来我就强调，书脊要放大。有人讽刺我，你去趟日本就学了这一招？我说，对，就学了一招，比一招没学，光吃喝玩乐强多了。我就在八重州书店，得到这个启示。

还有一个问题，破坏建筑文化，只图赚钱。城市的肌理风貌都没有了，弄的不伦不类，都是高层弄的。哈尔滨的中央大街成了一个小胡同了，后面都是高层。不做调查研究，想到哪儿就干到哪儿，别人只能听从，权力太大，而且又不谦恭，就必然导致错误的决定。这个错误的决定，它不是一年两年的事，搞没了，毁了，就再也没有了。干了60年，破坏了旧的东西，60年都不改，古代的不行，能拆的都拆了，不该拆的也拆了；近现代的瞧不起，只有盖了高层才是最好的。高层问题多了，安全也不管，谁愿意怎么干就怎么干，无知妄为自高自大，自我吹嘘，令人耻笑而不自觉，不光可悲，还可咒。这些决策人没有文化，展览馆搞没了，搞个建筑文化中心，变成个买卖了，变成租房子了；整个建筑图书馆，书也都卖了不少。这是领导的意志，就是我们这个领导权力太大，没有制约机制，要在外国，可以吗？这么干，市长就别当了，纳税人不干了。这是权力太集中，集中在这几个人手里，说到根上，体制问题。某一个城市找我们去开研讨会，领导就说，明年是建国多少周年，你看我们要搞什么呀？我说你什么都别搞，第一建筑界没本事，现在搞出来的东西不一定好；第二你要把这个历史文化名城保护好，就是你最大的贡献。

有很多东西没文化，纯属瞎搞。一次跟建筑大师张开济一同去看一个东西，一进去张开济脸就变色了，鼻子都气歪了，什么玩意，气的不说话。就这玩意，他们认为是好的东西才让我们去看。后来那位领导讲话说，花那么多钱请这些专家来，还批判咱们。我就跟同济大学教授戴复东通了电话说，咱们这回把领导给得罪了，他要骂咱们了。我说，他只要骂咱们就同他辩，戴复东也表示赞成，支持我跟他辩论。张开济讲，跟他干，我支持你，你挂帅。后来那位领导也没有骂我们，我们也就没理他。

关于建筑方面，这么大的国家，养不起一个古建研究所，还叫他们搞设计挣钱？可以配合研究工作做些设计，像当年的营造学社，但是主要精力还是研究。现在搞建筑设计，不就是搞一点中国元素，这弄一点，那儿弄一点，但整个的中国建筑，古代的东西，怎么样和现代结合，这都几十年了，没解决什么问题。中国建筑创作道路到底怎么走，还是跟着人家屁股后面走，还是走整天自己喊的那个"特色之路"，"特色"在哪儿？全国搞那么多体育建筑，搞那么多大剧院，干什么呀？把这钱搞教育好不好，把这个钱搞医疗好不好，整天撑着这个门面，人家外国人懂行的都看笑话。给你设计了一个"大裤衩"，挣走老多钱，回过头来还骂你。

# 中国建筑工业出版社的事

## 成立之初

到 2011 年 11 月 15 日，出版社成立整整 40 周年。

第一个五年计划开始时，各部委都成立出版社。建筑工程出版社是 1954 年成立的，国家建委下属的基本建设出版社 1956 年成立，城市建设部 1956 年成立城市出版社，还有一家建筑材料工业出版社，原来重工业部管建筑材料，后来从重工业部分出来。

干了一二年，1957 年反右派结束后，机构调整，国家建委撤销，人员重新分配。有的分到计委，出版社就合并到建筑工程部，城建部合并到建筑工程部，建材部也合并到建工部，就是这一年我到了建工出版社。1958 年 4 家出版社合并成一家，名字还叫建工出版社，以建工出版社为主体，主要人马是建工出版社的。有第一编辑组，第二编辑组，我是二编组的组长，但是我是党员干部，而且我级别高，属于十七级以上的，十七级以上的政治待遇是不一样的，原中层领导，而且我是从 1953 年冬天，就提拔为副科级干部。从 1958 年到出版社以后，办了点事，就出了一些书，还得过什么全建工部的先进集体奖。出版社在 1958 年以前，基本上是翻译苏联的书,1958年以后,转向出版国内技术方面的图书为主,这是一个转向。

到1962年又撤销,工业口各出版社大合并,除机械工业顶着不同意外,其他像石油、水电、化工、

图13　1958年建工出版社第二编辑组成员合影
前排左起　谢翰如　邱岚　汪沄　江绍来
第二排左起　韩捷　孙彦昕　杨连祖　王鸿儒　张景良　张以宁
第三排左起　张廷绶　杨永生

建工等8家都撤了。1963年撤销后搞了一个中国工业出版社,只负责图书的出版印刷和发行,不管编辑工作,编辑部仍设在各个部委,只管编书,编好后交给工业出版社去印刷、发行,从中间割裂开来了。这个做法现在看,当然是错误的。国家计委的意思是,成立工业出版社,由谁管呢,谁有积极性谁管,因建工部有积极性,就交给了建工部管,建工部就配备干部管了起来。建工出版社的编辑部门也放到工业出版社里,成立了一个建筑图书编辑室。建工部管理了一二年后,觉得管不了各部委的事情,就想推掉,推给国家经委,国家经委管了一段觉得不好管,就推给国家科委……这样推来推去,工业出版社建工部不管了,编辑部也给收回了。把编辑部的20几人又弄回建工部,放到办公厅。又干了2年,《建筑工人报》撤销了,只剩下刊物和图书编辑室,图书编辑室就划给技术情报局了。1965年,部里"四清",情报局撤销合并到建研院情报所。第二年"文化大革命"开始,就乱套了,下放,上干校,情报所就撤销了,建研院也撤销了,所有人下放基层,到1970年几乎都撤销了。由无到有,由小到大,之后由大又到小,又从小到无,就是一道一道坎儿。"文化大革命"

以前，像没娘养的孩儿一样被扔来扔去，折腾了五次机构转换，砍来砍去，人员也砍来砍去，最后到1970年就一个都没了，全部下放了。我没下放，成立新机构，建材、建工科学研究院，合并在一块，从各单位调来一批人。

中国工业出版社成立后，我当编辑室副主任，从那时开始，就不顺利，把出版社的编辑扔来扔去的。后来又调回建工部办公厅编辑部，里头设了图书编辑室，我还是当副主任，带着我的那原班人马。有一个副总编，工作消极，混饭吃，也没什么能力，不给大家办事。最主要的事儿六几年那时候是提工资，要提百分之多少，编辑工资都比较低。我说咱们应该到部里去争取，多争取几个名额，好摆平。他说，我不干这种事，我说你管这个，你做一天和尚，撞一天钟，你钟不是也得撞吗！我就跟他吵架。他比我大一级，我跟他打架，我向上级报告，我想给他整走。有人开始和我意见相同，后来转向了，采取中立态度，把我气得够呛。现在看那种观念也很重要的，就是你反谁，不能反你顶头上司，反你顶头上司不得好，因为他嘴大，你嘴小，他向上级汇报说什么，你不知道，那个人上班不工作，把红楼梦放在抽屉里，开开抽屉看红楼梦，是这么个人。无所事事，就想混饭吃，混官当，我这人能容得下这样的狗屁领导吗！这样弄来弄去，把我弄走了。我那时候，不想干了，想离开建工部，到外经部去。建工部不放，建工部有的领导跟我熟悉，他不愿意让我走，原来在国家建委当翻译给他的印象比较好，就把我调到情报局。

1971年春天，突然"军管会"通知，要我去参加国务院召开的出版会议。1971年43号文件，关于出版工作的中央文件，根本的思想是恢复出版社的工作。43号文件，毛主席批的，我回来向"军管会"汇报，军管会主任同意成立出版社，给15人。我说不行，起码给30人，坚持要人，散会了还唠叨。我觉得需要个头头，自己定位不够资格。我当时资历不够,杨俊待分配,我就向领导说,要杨俊来领导出版社。杨俊是1954年从团中央调来的,是团中央中国青年出版社的领导。杨俊早在太行山就搞出版,1950年代杨俊又是老出版社的社长,杨俊来了后,我们俩就商量,找房子,找人、找钱。我们俩就一起商量着筹办新的出版社。从工业出版社中挑了几个搞出版的人,从新机构要了一些桌椅板凳。

出版社1971年11月15日重新建立后,编辑人员的构成,做了很大的改变。到现在,1950年代做过编辑工作还在世的,还在出版社的没几个了,有周谊、我、朱象清、欧阳星耀等。我说的是50年代剩下的,黎钟刚刚去世了。在纪念咱们共和国成立60周年一本书里我写了篇文章,对建筑出书,从古代说起,我有一个综合的叙述①。中国建筑工业出版社成立之初就强调系列出版,各类书,各类工具书、普及书,反正是从建筑设计、建筑结构,各方面都是一整套。工具书手册也是,各个专业都有。再就是强调建筑学方面的图书。在50年

图14　1972年11月出版社西南选题调研组合影
左起朱象清、杨永生、谭璟、王伯扬,当时每个大区都派了一个调研工作组。

---

① 《建筑创作》杂志社编.建筑中国六十年·图书卷.天津:天津大学出版社.

代"批梁"、"批反浪费"以后，无人对建筑书问津了，不敢问！因为建筑书整的都是"封、资、修"都是挨批的，都叫"封、资、修"！知道吗，资产阶级的，外国的叫"资"、"修"，中国的是叫"封"。所以建筑书在"文革"以前基本上没有，或者说很少有，特别少。像历史所（现中国建筑设计研究院建筑历史研究所）"文革"以前——1965年就撤销了，没人敢碰，一碰就是"封、资、修"，就挨批。再就是强调制定长远选题规划，为此专门组织调研组到各大区基层单位做一两个月的调研，还必须写调研报告。

没有经费，刚好发现"文革"前印好没发行的《建筑设计资料集》（第二集），装订起来一卖不就有钱了！？当时"封、资、修"的东西，不敢公开发行，加一个批判性的前言，改为"内部发行"，就是明修栈道，暗度陈仓。写个批判性的前言，找建研院院长袁镜身，找建委副主任宋养初，宋养初批了就装订起来发行。交给新华书店，书店不干——切口处有些字都切了。我们就指定了几个人，找了几名临时工内部发行。新华书店又找我们，要求价钱定低点，我们没同意，依旧自己发行，赚了一笔钱，有了启动资金，第一桶金。

关于出版社的名称，最开始我们提出叫"建筑工程出版社"，时任国家建委副主任的赖际发部长在会上提出叫"建筑工业出版社"比较全面，首长指示了，正式报批，建委副主任任朴斋给加上"中国"两字，成为"中国建筑工业出版社"。后来事实证明这两个字加的很重要，一些其他的出版社都跟随也加上"中国"二字。

后来的国家建工总局副局长阎子祥（1979年后），很谦虚，很有能力，出版社的北配楼就是他给批的。上午给了，下午我就带着一些人贴封条，连厕所我都贴上封条，就是出版社现在那个北配楼。设计院的人一看不干了，你们这么干，把我们的房子占了。中国人就是这样，一贴封条他不敢撕。从楼上贴到楼下，那一天真是跟战争一样,很霸道,你不霸道不行啊。出版社从建研院搬出来,往这边搬的时候,在咱们存车辆的地下室有很多东西。我一看,都是书,也没人要,也没人管,就是"文革"被扔在地下室的。全都上卡车,咱们接收了。

当时我是革委会副主任,但我一直摆的位置很低,实际上就是总编辑。社长和总编辑都没有,都是革委会,当时叫"党的核心小组",党的核心小组成员,就是党委委员,就是我们5个人,那时像这样的司局级单位的领导,都是"三八"式抗战时期的干部,没有我这样的"四九"式的解放战争时期的干部。那个时候讲三个字——"德、才、资",没有资历上不去的,上去了,也被人家用枪打你这个"出头鸟"。你解放战争时期的干部,在司局级单位当头那不是找着倒霉,一百个眼睛看着你呢。革委会不正式说算哪一级,干了多少年都是稀里糊涂。后来,又调来"一把手"孟广斌,抗战期间的县长、县委书记。"二把手"杨俊是1937年的,你跟人家比什么啊,自己哈着腰,放低姿态,干活是你的,说话是他们的,必要的时候请他们支持一下。大事汇报,小事不管,我能掌握分寸,还有再大的事一起干,拉着他们一起干。

出教材都得签字。教育局长说老杨你签吧。我不签,规定领导签,让我签什么啊!?我签了,然后蹲监狱我去啊!?他说你签吧,他们不签。不签我给你放桌子上,好几十本都在桌子上放着呢,你爱签不签。再有我手里掐着文件,我说这个权力不能下放,下放了,让我当局长,咱们两个换换位。我就跟教育局长这样说的,他没有办法了,最后这个老滑头推给建委副主任张百发签。张百发签了几次以后不干了,"我哪看得了这个玩意儿"。他还挺聪明的,不干了,把局长找去了,你干,局长说出版社老杨他们不干,那么就你干吧,反正我不干。大家很谨慎,谁都不愿意担责任,泄密了上监狱谁去。我说我不跟你们整这个事,别的事可以,家里煤气罐没有了我给你扛都可以，这个我不干！所以我大原则是掌握的，小事我不在乎。大事别活动，小事活动一点，没事。大事活动了把你栽进去你都不知道怎么栽的，有的出版社的社长蹲了多少年的监狱，就是因为泄密，蹲监狱啊，开什么玩笑啊。

## 编辑队伍建设

再细说编辑人员构成的改变。1950年代成立的出版社，大部分编辑都是搞俄文的。那时主要是苏联的书多，要翻译人员。而1971年新成立的出版社，招人按专业找，每个人都作了调查，我们在进行业务、文字能力、为人调查后，就逐个调来了。那时分配干部，一些老工程师，没人要。国家建委政工组就要把这些人给出版社，我一看，挺好，要。部长找我们，也让我们帮助接收这些老工程师，我们一口答应，部长特别高兴，给部长分忧解难了。

现在看1971年出版社成立后调来的第一批编辑，1972年秋天就基本上调齐了，花了不到一年的时间。我们都没有私心，干部都是很好的，到现在这些人依然都是优秀的编审。而这些人原来很大一部分也没有做过编辑工作，都是各个有关单位的技术人员。比如李根华，贴了一张8分钱的邮票，给我写信，要求来出版社当编辑。我找物理所两位所长调查他。两位所长说的是一致，表现很好，有能力，能写，建筑物理方面专业知识也宽泛，所以我才调他来的。"文革"打人的那种"造反派"，我一个都不要。那帮人也不找我，知道找我碰钉子。王伯扬我把他调来，要，这个人干活行，一个人真能顶两个。彭华亮，要！建国十周年，彭华亮搞《建筑学报》，印的黑底色啊，红字啊，黑封面，找死啊！他就是脑瓜子缺少政治这根弦。那期作废了，挨批了，就是没给他停职反省。告诉你吧，背后审查他，底儿朝上。他是党员，历史清白,也没有海外关系,一贯表现好。我认识一个人,错了一个字,愣是下放啊。"文革"以后,都回不来。出杂志,"毛主席"印成个"毛主东",而且不是他办的事,是他手下的人,他揽到身上了。

调来的高级工程师里,其中有局里的总工,设计院的总工,光一、二、三级高级工程师就七八个人,还有40多岁的各方面的专业人才。培养他们,就是在编辑实践中自己来组稿,来组织出书,找人写,怎么写,从这里头培养锻炼出来的。工具书是如此,系列的丛书也是如此。编辑部提出来哪个作者来写什么,比如要出一套"建筑工人的丛书",出一套"安装工人的丛书",建筑工人是木工、瓦工、油漆工等等,每个工种写到什么程度、深度,按几级工的要求来写,编辑都应该熟悉和了解。手册应该分多少卷,哪一卷应该分多少章,写到什么程度,这都是编辑研究以后再找有关单位的专家共同讨论,然后我们拿主意再指挥他们写。在这个过程中提高能力,找哪个作者这又是一个过程。要找能干的,文笔好的,资料丰富的,认真负责的,就这样编辑部门就起来了。通过这些工作,编辑在本行业里的威信也建立起来了。开始设计院有些人瞧不起编辑,认为这些编辑不也是设计院出去的么?后来业内组织活动、学术研讨会都有建工社的编辑参加等等,发个言,安排组织一下。他们一看:"呦!不简单啊!?"他们是有这种感觉!论学历都差不多,那我编辑就可以指挥你怎么写,因为编辑的眼界宽,对书的研究深。

对于老工程师,就利用他们的经验,有的稿从头到尾叫他们来做。比如说《瓦工》,我找徐竞达。他是抗战时西北大学毕业的。解放前,他一直在大后方自己开建筑公司,解放后我国援助蒙古共和国,他是那里的总工程师。"文革"以后,因为他当过资本家——建筑公司的老板,总工程师二级,没人要,咱要!我就把《瓦工》交给他了。具体怎么弄我就不管了,作者交稿后,终于有一天给我拿来稿子了,说:"我看完了,您看看再签字发稿。""你怎么看的呀,给我念叨念叨。""我看三遍,保证一个错字没有。技术上没有问题,我都改了。"我说:"那当然!你干了一辈子建筑公司经理还不懂这个?总工程师还不知道怎么吊线?"那时候这些人都是亲自上阵的,不像现在当经理,要用很多精力去吃喝玩乐。他自己的公司,砌砖,怎么吊线他都得管。我说:"那你看三遍,我相信你。马上签字拿走!""你信任我,我就更得努力了!"我觉得就应该这样——用人不疑。那个强十勃也是我们要过来的,安装局的,下放到石家庄的工厂了。老强找过我几次,我后来了解这个人还是清华毕业的,在安装局是技术骨干,《安装工人》出书都是老强弄的。老强能干,有能力,与作译者打交道都行。

"文革"后期,每周白天两个半天学政治,一、三、五晚上,五点半下班,六点半开始政治学习,到八点半。那叫什么政治学习呀!整天念报纸,东扯西拉的,谁也不说真话。我擅自规定60岁以上老同志晚上甭来,参加白天的学习就行了!五点半下班跑回去吃完饭再来,弄的十分紧张,60多岁了,没必要!让他们通通放假!这些老同志当然特高兴,可年轻的同志就有意见了,"怎么着?他们不需要改造思想啊?光改造我们啊?"年轻人就给我糊大字报。开大会我就讲了:"你们现在二三十岁还不懂,等你们到六十岁就知道了,白天干一天工作,晚上再开会,吃不消。我还是坚持。你们年轻人得来,他们不必来!"年轻的同志没话说了,给了他们一种说辞,他们也就不贴大字报了!这些老工程师们后来退休了,有些工作还要找他们,有些工作就不找了,有的身体不好干不了啦。但是每星期一上午,谁愿意来谁来,我给他们把这一个星期出版社发生了什么事,上级发下什么文件等等,讲给他们听,话多多讲,话少少讲,一二个钟头,他们星期一上午就来听，听完聊聊天回家了，一礼拜来一次。不为别的，就为了联络感情！让这个集体有凝聚力，不是退休了就不管了。所以，有的老工程师直到去世，每年过年都到我这来，七八十了，来看我一眼。

离休以前，我在工作的时候，除了睡觉八小时以外，脑子想的都是工作上的事。白天，我有时到处转转，编辑室每一个人我基本上每一星期必须见一面，或者礼拜一，或者礼拜二。哪天上午我走一圈楼上楼下，每个人都看，大家在干什么，看什么，我心里头都有数。他们有什么问题就随时跟我说，我问他要的房子怎么着，有信儿吗？你那小孩上托儿所怎么办的？走一圈什么都有了。那时有一位管稿档样书的老同志，他孙女想送部里的托儿所，送不进去，趁着给国家建委副主任张百发送样书的机会告诉百发，我孙女想送托儿所，人家不收，我这写好了申请，您给签个字，好办些。百发说"我不管托儿所，签字也没用。"他说，您签吧！于是百发就签了。他拿着这申请到托儿所说，百发同志批了，你们收下吧！于是，很痛快地就收下了。那时候难办的事情就这么办成了。这些都是在到各处看看聊聊的时候他们告诉我的。几十个编辑，每一个编辑，我每一年至少看他一本稿子。全看，我看不过来，不可能的，这一本碰好了通过，碰不好拿回去，我发现问题了，退回去再重弄，一个礼拜后再交过来。等过一个星期，他把稿子给我送来了，我连看都不看，签字，发稿！他说："你怎么不看了？""我信任你！给你打退堂鼓打了一个礼拜，你还带着问题给我，不可能了，我信任你！"他也高兴，知道领导不是因为一次就不被信任了。那一礼拜他肯定是好好看，他怕第二次通不过！

其实出版社的领导就是要做到两点：一个是用人，一个是出主意。出版《梁思成文集》是我出的主意，交给一室主任彭华亮负责。你去做吧，上清华大学弄《梁思成文集》。别的我就不管了，具体怎么弄，到清华找谁我不管，你管那么多干什么。他是专家，1950年代初毕业于天津大学建筑系，又是《建筑学报》第一任责任编辑，那时学报就一位编辑——彭华亮，一位主编——梁思成，跟梁思成很熟，清华的教授们他都熟悉，他完全有能力做好这件事。

建筑结构知识丛书，我主持这件事，召集编写会议。同济大学"五七公社"派教授参加我们的组稿会，说是与同济"五七公社"的主张不一致，反对出这套书。出版社一把手孟广斌给我做后台，顶住了。这套书的编辑是夏英超、蒋协炳、黎钟三人。夏、蒋他们记得可能比我还具体生动。

现在有人跟我说，"杨总，我现在回想起来，我们建工社真是有好多特别好的这种传统，但是现在好多编辑已经不知道了。"作为一个出版社的领导者必须明确：出版社是一个文化机构，不是政府机构，不要官本位。黎钟干了一辈子，是大编审。不是每个人都当室主任、当总编、当社长，有的适合当，有的当编审贡献更大。你给他待遇高高的，大编审比室主任拿的还多，你当副社长可能比大编审要低，不就行了吗？原先是赚了钱就多分，不赚钱少分。改变一下方法，不赚钱的，但是社会效益突出的，流传千古的，我比你那个赚钱的奖金还多，不是完全以赚钱多少来发奖金，还要看社会效益。

出版社没有好编辑不行，要给编辑一定的自由度。我在报社管记者部，我派记者写东西，那个总编嫌文章太长了，不上。记者跑到我那儿告状。我说，"你写的怎么样？我看看。"我一看，挺好，拿《科技日报》登去，《科技日报》就给登了。我说，你小子才明白不？又拿稿费，又登了，你非得赖在《建设报》干什么啊？你两全其美了，以后你就写，写完了我看看再说。整的那个记者就高兴了，我给你找出路啊。你要在咱们这儿登，还不给你稿费。

## 鸣枪——《苏州古典园林》

我们出版社 1971 年重建以后，70 年代就开始逐步地把建筑方面的书，尤其是建筑艺术、建筑历史类图书就作为重点，将出版重心转移到这上面来。施工方面的书也抓，其他各方面都抓，但是突出抓建筑，所以那个时期建筑学的书就没少出。其中具有代表性的、标志性的就是《苏州古典园林》。

就这一本书，它的前后过程很复杂。好像是 1974 年，南京工学院齐康和我谈起这个事。他说，刘老（刘敦桢）有那么一本书稿，"文革"以前关于苏州古典园林的研究成果，现在资料都

图 15 《苏州古典园林》一书审稿会全体合影 1975 年 12 月 15 日摄于苏州拙政园四面荷风亭前
前排左①喻维国，左④吴小亚，右①刘叙杰，二排左②刘祥祯，左③杨廷宝，左④苏州园林处处长，左⑤陈明达，右②王伯扬，右③南工建筑系总支书记，右④杨俊，三排左②潘谷西，左④陈从周，左⑤杨永生，右②刘先觉，右④郭湖生

在，刘老故去了，想整理，能不能出版。齐康后来到北京，我们俩又谈起这件事。我俩谈过后，我想到依据周总理在全国出版座谈会上的讲话精神，这类书可以出。由咱们出版社开一个座谈会，研究怎么出版。在苏州，与苏州园林处一同召开，园林处负责接待，出版社邀请一些专家参加。如杨廷宝、同济大学教授陈从周、文物专家陈明达、建研院刘祥祯、南京工学院潘谷西、刘先觉、刘叙杰等人，还有上海园林局的和苏州园林局的专家，出版社出经费，请他们参加会。当时有两个人跟随陈从周参会，一个是他的助手喻维国，这人没问题，既是同济研究古建筑的老师，又是一位少言寡语的好同志；另外一个是工宣队的队员，监督陈从周的。东南大学建筑系的党总支书记，一位老太太也来了，那个人不错。

　　头一天开会，第二天《人民日报》发了个文章——"教育革命方向的问题"，那时候对政治很敏感，大伙一看，这"四人帮"又在闹事了。1975年，中央"文革"那帮人还没倒台呢，这会讨论"小桥流水"，那是要挨批的！这会怎么办？开还是不开呢？大家就议论了，有的主张不开了，散会！别刚解放又挨批；有的就声明：我们退出！在会上就声明以后不参加该书的整理工作了，退出。这怎么办？咱们出版社召集的会呀！那天晚上，出版社也来电话，劝我们休会。之后，我就跟杨俊就商量了一下。我说，从今天开始咱们要研究这个书怎么个出法。第一天会杨俊主持，他是"革委会"主任，我是副主任。我说，今后我来站在第一线，我来主持会，你在后边坐镇，万一把我打倒了，还有你能保护我，咱们别全军覆没！我们俩一起被打倒了就完了。你不要吭声，我来折腾。王伯扬、吴小亚他俩是我们带去的编辑，就我们四个人在屋里研究。他俩说，"这回老杨又得挨斗了！"因为我"文革"挨过斗，前头说过那段——在全建工部大会上挨斗的事。我说：

再挨斗好办,我站中间,你们俩一边一个陪斗,哼哈二将!就这样第二天又接着开会。

这中间又发生了一个问题。上海园林局那个人每天晚上向上海园林局革委会汇报,今天谁主持的会议,研究的什么问题,我到现在也没整明白,"四人帮"倒台后我也没再追查。有人跟我说,他来的时候就带着这个任务,开这个会,人家就准备整你们,其目的不是整你们,而是通过这个会整谷牧①,谷牧是建委主任,出版社归建委管,建委直属单位。这个意图?我也不知道,我也没深问,那个人天天开会,我也不在乎,我就注意他的行为。同济工宣队那个人看起来不坏,从始至终一句话不说,就是监督着陈从周,这都是喻维国告诉我的。陈从周爱说呀,可是那时他不说了。一起参观,在苏州,我们看了所有园林,大大小小的,园林处的处长陪着,是个老干部,给我留下了非常好的印象。在参观一座大庙时,我问陈从周:这个侍女像,有人说是宋代的,到底是不是宋代的?他说,"我也说不好!"我说:"你这么虚心!"他说:"不是虚心,我是心虚!"其实是因为后面工宣队的人跟着,陈老不敢说。"文革"以后陈从周跟我特好,因为"文革"期间是我们第一个把他请出上海的,请出同济大学的。他当时在同济大学也就是管文具,管换粮票。谁出差给谁换全国粮票,到粮店里去换,陈从周当时就干这个!我们发了个通知,请他到苏州研究苏州园林,他特别高兴。所以后来一直跟我特好,主动写条幅,画兰竹送我。

就这样,这个会就明修栈道,暗度陈仓——指定潘谷西写一篇批判性的论文附在书前——先把这个书给它彻底批判,加到前

---

① 谷牧,本名刘家语,男,汉族,1914年9月生,2009年11月6日因病逝世。山东省荣成市宁津镇东墩村人。1973年3月至1980年12月任国家基本建设委员会革委会主任、党的核心小组组长,国家基本建设委员会主任、党组书记。

面，就和建筑设计资料集采取的是一个办法，半年以后做完。结果半年没弄完，转年到1976年，"四人帮"垮台了！什么都不用顾忌了，"四人帮"一倒台，《苏州古典园林》就出版了。

　　这中间又出了一个小插曲——作者署名问题。很多参与这项编写工作的人说，我们的名字得署上，因为这是我们跟刘老一起编的，有些是我们执笔。问题反映到我这，反正在我这出版。我说不行！谁的名都不能署，只能署刘敦桢！你们都是他的学生，你们参与测绘，都是刘敦桢指导你们干的。问题被我给顶住了，顶得他们中间有人到现在还不高兴。我说，你们名字都可以写，写在前言里头，谁干什么事，一五一十地写，但是不能署作者名。结果，后来台湾盗版的时候只留了刘敦桢的名字，别人的名字都去掉了。因为别人是"共党"，其实刘敦桢也是"共党"。后来英文版、日文版都相继出版了。

　　这版书当时是用玻璃板在新华印刷厂印刷的，黑白的。因为玻璃板时间长久不能再用了，已不可能再版。十年以前有人宁肯花一千块钱托我买这本《苏州古典园林》首版。初版定价是人民币30元。当时我就跟国际书店说，你们多备点货往世界上发，他们不认货，一出版，很快在国际上就销完了，销完了他们就找我，追加订货。货少了，他们改变了销售方式，人民币不卖，得拿外汇券。

　　当时做《梁思成文集》正赶上林洙给邓小平写封信，反映梁思成的一些问题怎么落实政策等等。她里面就提到出版梁先生著作的问题。邓办就批到国家出版局，出版局老邓同志询问此事，我说："我们已经着手了！"出版局要求建工社写个报告，我就写了个报告，说出版《梁思成文集》这件事已经着手了，准备出了。就这样，上下都一致了，《梁思成文集》（四卷本）就顺利出版了。

## 走出去

另外,还有一个特点就是 1970 年代末期,我们首先开展了国际合作——走出去,这在科技出版社中是头一家。从香港开始,然后日本,后来我们又跟南斯拉夫等国开始打交道,各方面开始打交道。等我离开出版社的时候跟香港、日本已经交流很多了。

要做好出版社的工作不是那么简单的事。这个里面水平学问都有,得人家愿意跟你谈,愿意跟你交朋友,一问三不知,跟你交什么朋友。香港建筑界最早与内地交流的就是钟华楠和潘祖尧。钟华楠跟我打交道,是在潘祖尧之前,那是 1979 年。与钟华楠认识是通过香港三联书店经理肖滋介绍的,我们是想到香港去打开对外合作的窗口。1980 年夏出版社组团到香港考察。在香港接触了建筑界和出版界的人士,参观了多家印刷厂,还到香港大学

图 16　1980 年夏建工出版社首次出访香港,参观香港大学建筑学院
左起:焦祥国、杨谷生、杨永生、杨俊、建筑学院院长、钟华楠、刘少川

听了建筑学院院长的介绍,并参观了学生作业展览等,收获甚大。一句话,看到什么都是新鲜的。

  除了考察之外,还有一件事儿值得一提,那就是买"林哈夫"照相机的事。在香港买"林哈夫"照相机那一次我才明白"总代理销售"是怎么回事儿。德国产的"林哈夫"照相机,在远东的一个代理商住在香港,不管在日本,在哪买,都得通过这一家。我们一到香港要买"林哈夫",我们就到处问价钱,然后对比,讨价还价,比方说刚开始说要1万,又问,1万零5百,又问,1万1……后来我们有一个内部信息就过来了,说是你们这个办法不行,你们这些人到大商场上打听的价钱,最后都汇总到代理商那儿。代理商知道大陆出版社要买"林哈夫",所以往上涨价。最后你没办法就会买最初那个1万块钱的,他还是不少赚的。最后买最初那个也不见得买的便宜,要是最初,开始讨价还价可能9千就下来了。我们这才明白他们是怎么回事了。那最后怎么办,那还是买1万块钱的吧,再低了没有了。但是人家服务是到家的,买了以后,我们指定地点时间,他们到时候就给送来了,一件件的按账单验收,那服务真好。

  当时我们一起过罗湖桥的只有7个人。其中两位是搞红楼梦的红学家。1980年,国内很少有人去香港。一到香港我们的护照就被旅行社给收了,怕逃跑,回来到了深圳才发给我们。在香港有些书店挂着青天白日旗,我们想进去看看。我们请示了,答复:去可以,不要说话!不能一个人去,要几个人一起去。因为去以后人家一眼就看出你是大陆的,为什么?戴的眼镜、着装都不一样。我们想别惹事了,就没去。

  日本的建筑出版物给我启发很大。我经常翻日本的《新建筑》、《A+U》杂志,看它的文章主要介绍了什么东西。因为当时能接触到的杂志中,日本的是比较前沿的。那时候美国的资料很少,英文我也不懂,日文我还懂点,书名起码能看得懂,简介能看得懂。日本出了世界什么人的东西,怎么出的,我经常浏览一下,然后在脑子里逐步形成个东西,再告诉编辑,做具体策划。

通过尾岛①,尾岛这个人还帮着做了不少事情。请他来,我们都是贵宾相待,我们请尾岛住颐和园小院!之所以给他那么高的礼遇,我是想到,你尾岛来,我们给你中国最特殊的、高规格接待,我委托什么事他都会特别地认真对待。因为他也感觉我们招待他的规格很高,他的身份也高了。老实讲,当年早稻田大学教授尾岛俊雄在中日建筑文化交流上做了不少贡献,我们应该感谢他。

20世纪70年代末,经尾岛联系日本《每日新闻社》来人,我们在友谊宾馆招待,园林式旅馆,他们非常喜欢。我带他们参观了承德古建筑,承德那时候还没人去呢,我带着他们去。我们跟他们合作,谈版权、版税,那时候咱们出去没有外汇,得申请,很费事的。我们同他们交涉,你来我接待,我去你接待。他们花日元,我这边申请出国不花外汇,全都是日本人接待,国家就批了。我们去日本是最早的,1980年。

## 日本之行

1980年日本人那时候左派极力跟中国打交道,非常友好。包括清水正夫,大胡子,搞芭蕾舞那个,到饭店来看我们,带盒点心。他说,得到消息晚了,昨天晚上才知道,今天早上来看你们,你们要上飞机了。这使我们深受感动。

---

① 尾岛,尾岛俊雄,日本早稻田大学建筑系教授。专于城市环境规划,是日本最出色的基础设施规划设计的专家之一。此外,他还担任亚洲都市环境学会会长、日本学术会议院士等职务。

图17　1980年12月出版社考察团访问日本时与小学馆座谈。该出版社出版了日文版《承德古建筑》
左起滕岳宗、杨俊、杨永生、乔匀、杨谷生

在日本出了好几本书,《西藏古建筑》、《承德古建筑》、《中国古建筑旅游指南》都在日本出过。我在日本同时也考察了鹿岛出版社。鹿岛出版社就是鹿岛建筑公司的,它的头号老板亲自接待我们,那时候他们也很重视中日关系,在日本待了两个礼拜,总体感觉还可以。

我跟中国人外国人都善于交朋友。在日本我整他们整的也很厉害,整的跟我三鞠躬。有一天他们请吃饭,有香港的老板在,他说:今天是香港、日本、中国三国四方会晤。我说:香港不是一个国家。他赶忙道歉,然后站起来三鞠躬。我一摆手,不必!不必!完事。你得给人家一个台阶下,我为什么整他,他老和我显摆,陪着我逛旧书店。嗨,这是我的著作,这是我的诗歌……净吹牛。所以我逮着机会就整他,一整就把他整老实了。他说:我会写毛笔字。我说:那太好了,你写一幅送我做个纪念吧。我现在还留着呢。他说:你也写一幅送给我。我说,不行。毛笔字我不会,我小时候在东北念的是你们日本人办的学校，不教书法！一下就把他顶回去了，老实了，不吹牛皮了。给我找翻译，找早稻田大学学中文的，我就问他，你们是不是每天早晨都要皇宫遥拜？没有，没有这事，怎么早起还要遥拜？没有这些事情。我说，废话，战前你们都这样，连我都这样。哎呦，你对日本事知道太多了。其实日本二战的时候是那样的，我去的时候1980年就不那样了，他年轻人不懂。跟他们打交道，有的时候我能听出来，翻译没翻全，有时候我就插两句。他们就说，这家伙怎么装傻，你懂日文，你装不懂。我说：略懂一点。听你说的还挺受听，不像外国人说日本话那么难听。我说，我小的时候学过，现在都忘了。

我们去日本访问的时候，在宴会上他们的社长问我，历代统治者都重视知识分子，为什么毛泽东还打击知识分子？我说，我回答不了你这个问题。在当时的情况下，我们也不能说人家提的不对，只能说我回答不了。然后又一次吃饭，他又说，今天我们在报纸上看到华国锋要下台了！是吗，我们出来已经一个星期多了，不知道有这样的消息，不知道！等我们回到北京第二天，媒体上真的刊登了华国锋下台的消息！当时就有朋友跟我说，凡是这样的事，绝不能否认，也不能肯定，万一错了呢？所以最好的答案是"不知道！"他们还问我，毛泽东说三五年搞一次"文化大革命"，你看你们是不是三五年还会搞啊？我说，这个我可以答复，如果说隔三五年再搞一次，我这次就不来了。他问，为什么？他脑子里面没有转过来，我说，我要来了，不是里通外国了吗？大家哈哈大笑。

我们去日本的时候，正好赶上东京大学建筑系的一个老教授，留法的，很有名气的，去世了，开追悼会。他是中日建筑友好协会的会长，兼着这个角色。我们一商量，跟使馆一请示，使馆说，去参加。去了以后，尾岛教授带着我们去。我们说日本什么礼节，咱也不懂。他说没事,带着鲜花就行了。一进胡同口,两边全是学生。我们都是中山装,直奔签到处,到签到处以后全闪开了。然后奔灵堂,遗体告别。到了灵堂以后,也全闪开了,日本人很懂礼貌,给我们闪出一条通道,把我们让到最前头,然后遗体告别开始。他夫人、儿子都站在那儿,什么话也没说。然后到他老婆那儿,老太婆还笑了一下。中国人来了,他们觉得很有面子。回来跟阎子祥汇报,"你们送花圈了吗?""送了,送的鲜花。我们请示过大使馆了。""代表(建筑)学会送了吗?""没有。没请示,我们哪敢啊?"阎子祥说,你们应该代表学会送一束鲜花才好。

在日本,我们带去的一个尼康相机有问题,就拜托日本小学馆的工作人员,请他们帮忙找一下尼康的售后,让他们修理一下。小学馆的工作人员打完电话,尼康公司马上派一位女士到饭店把照相机拿走了。第二天早晨吃饭以前,她就给送回来了。说没有大问题,是怎么怎么回事儿,特别客气。说很对不起,出现了一点点问题,还给我们送小礼物。这次经历对我的触动很大,他们的服务是一流的。

在访问期间我了解到日本在建设前期的研究工作做得就比较好。一个团队,包括教授、讲师、学生,做"银座"的课题,研究其未来20年发展规划,谁出钱?三井集团。三井有钱,要投资"银座"项目,要预测20年以后的发展方向和投资回报,他们就研究这个课题。而且三井还不是找一个团队,找5个。比如一个团队给200万,花1千万,找5个团队,提5个方案。这5个团队,各干各的,互不通气。每个团队就写出一个研究报告就行了,完了就给200万。教授们为了自己的名誉、声望一定好好做。如果报告的质量很差,那么教授的地位和名声都会受到极大损害。人家肯花钱做前期工作,又给出充裕的时间。学生跟着教授做,也是一种学习,并不是死啃书本。

在日本落实了合作出版的几本书，还参观了印刷厂，考察了有关出版社和杂志社。总之，半个月收获挺大的。

## 大动作

作为一家出版社，要做的事情还多着呢！比如，1981年我就做过这么一件事。现在，我也不去评论它，只把事情的原委如实地记录下来，让后人去评论吧！

1981年，我曾写过的"关于设立'古建筑调研基金'的建议"，以人民来信的方式分送给有关领导同志，其中有国家建工总局局长萧桐、副局长阎子祥，国家建工总局财经局，中宣部出版局，财政部基建财务司，国家出版局代局长陈翰伯，副局长王子野、许力以，中国建筑学会理事长杨廷宝、副理事长金瓯卜、戴念慈、张开济。当时，建工出版社归属国家建工总局，阎子祥分工主管出版社和中国建筑学会工作。

这封建议书的全文如下：

一、我国古建筑是我们祖先留下的一份宝贵历史遗产，反映了中华民族的精神、文化和技艺，在世界建筑史上独树一帜，必将永远璀璨闪烁。虽然由于不可抗拒的天灾人祸，数千年来毁坏甚多，至今尚存的仍以千计。保护古建筑，维修虽属上策，但限于财力，修不胜修，仍难免继遭破坏。

二、为了保存这一宝贵遗产，为后人积累资料，建议拨出适当财力，组织各方面的力量，对各地重要的古建筑进行实地测绘、调查、照相，并予以充分研究，出版专著。

三、这项工作中国的封建阶级没有做，中国的资产阶级也无力大规模地做，历史地落在我们无产阶级身上。

四、三十多年来，由于种种众所周知的原因，虽做了一些工作，但与我国现存的众多建筑相比，实属微乎其微。现在，熟悉古建筑的老专家均已年逾花甲；解放初期培养的对古建筑有研究的中青年专家也已年过半百。现在，若不组织他们带领青年人去完成此项任务，再过十年，后继无人，唯恐难矣，机不可失！

五、念及国家财力有限，专门拨款很难做到，故建议请财政部批准，从1980年度中国建筑工业出版社上缴之利润中，拨出20万元作为"古建筑调研基金"，资助有关单位完成此项任务。

六、如蒙批准，则可由出版社负责召集各有关单位研究分工，制定规划，组织调研工作，分别拨出专款，数年之内拿出成果，出版专著。

七、以上建议，唯恐某一部门难于决定，故采用"散传单"之办法，致函有关领导机关，以求支持，实无奈而为。

中国建筑工业出版社副总编辑　杨永生

1981年3月21日

国家建工总局局长萧桐1981年4月6日批示：

此问题是否请建筑学会研究一个长久的办法，还有什么出路？切望不要石沉大海。请子祥同志阅批。

国家建工总局副局长、中国建筑学会副理事长阎子祥1981年4月8日批示：

雷局长：我认为可以留一部分上缴利润，作为基金，请考虑。

国家建工总局财经局局长雷峻山1981年4月16日批示：

出版社杨永生同志所提设立古建筑调研基金的建议，要求从出版社八零年应上缴利润中拨付20万元。

出版社79年80年收入160多万元，都要留下做该社周转金并未上交过财政。如果要留20万元，首先要出版社领导同意，然后才能请财政部审批。

此后，阎子祥、萧桐又都在建议上签名，以示同意。

1981年5月5日出版社党委书记、社长杨俊在该建议书上批示：党委总编各位同志阅后研究。

不久，杨俊召集出版社党委、各正副主编联席会议讨论同意上述建议并委托我来具体落实。

我曾将这项任务布置给第一编辑室主任杨谷生具体落实。经同各有关大学建筑系协商讨论，大家一致赞同此项建议，并在北京召集各有关单位开会，由我主持，落实了任务，分配了基金。

出乎很多人的意料，我在1984年春被建设部党组硬是通过决定调至中国环境科学出版社，担任副社长兼总编辑（没有社长），还任党支部书记，实为第一"一把手"。此后，我再也没有查问过此事成果。据说，清华大学的《圆明园》一书即使用了此补助款。现在，原出版社在我调离之后负责此事的副总编乔匀已经病逝多年，具体操办此事的原一室副主任杨谷生多年患脑病，记忆衰退，也不便打扰。

说到这里，我又想起一件往事。现在，恐怕已经没有人记得了。1979年，我们曾编过《出版简报》，不定期铅印发给谷牧副总理（他当时兼任国家建委主任）、国家建委党组各同志、国家建工总局党组各同志、建材部、国家城建总局。其主要内容是反映出版社工作中的一些重要情况及仅供参阅的资料。

现在，我把该简报第10号编在这里，供大家参阅。

其标题是"旁观者的意见"，按语中说："今年七月份，香港建筑师钟华楠[1]到蓟县、承德、西安、洛阳、开封等地参观古建筑。趁此机会我们在北京、西安、开封邀请有关技术人员同他举行座谈。现将钟先生在这些座谈中讲到的一些主要问题整理如下，供有关领导机关参阅。"简报全文如下：

---

[1] 钟华楠（1931~），曾任香港建筑师学会主席、著名建筑师。

从蒸汽机的发明到电子化,这个现代化的过程在西方用了大约二百年。这个过程也就是西方搞殖民地的过程。中国要在2000年实现现代化。现在,香港的人们关心的是:用这样短的时间能否做到呢?能够到什么程度?当然,这只是一个时间上的问题。

四个现代化都涉及建筑也就是说都涉及现代化建筑的问题。要搞现代化的建筑,首要的问题是建筑材料。没有新材料,就没有新建筑、居住建筑等等。要大规模地建筑,就需要进行材料上的革命。新型建筑材料的产生过程也是一个斗争的过程。进一步说,所谓现代建筑,不仅是用现代的材料,现代的施工方法盖起现代的建筑物,还要有现代的设备,以及人的生活安排。

英国在搞工业化时,厂房建筑盖得好,工人的居住建筑盖得很差,称之为"临时性"的。其实,并非临时,成×这种工人住房长期留下来的很多,不可能全部拆掉。我在英国读书时,住在这种房子里,设备很简陋,不通风、潮湿,直到现在也还有这种19世纪的房子。中国在建筑大片工人住宅时,不要犯这个错误,不要搞临时建筑。

如此看中国的印象是,似乎每一个城市都要发展成工业城市。我以为,这是不可能的,也是不经济的。因为,每一个城市都有其不同的历史,不同的条件。要把苏州变成沈阳,就不可能。重要的是充分发挥每一个城市的潜力。不可能设想把每一个城市都搞成自给自足的全能城市。城市的性质,要根据其客观的条件,划分为重工业、轻工业、港口、商业、旅游等城市。旅游业也是一种工业,是看不见的工业,这种城市的收入不是靠出售工业产品,而是靠人们住饭店,买纪念品的收入。因此,不能说没有工厂的城市,都是消费城市。

然而,这个问题又不能孤立地、个别地来确定,国家要有通盘的规划。在四化开始时,又应该研究各大区、省、城市将如何发展,以求合理的配合，合理的发展，做到犹如人体各部分相互的配合一样。

这两年，请外面的人搞建筑设计，时间、人力、物力花了不少，盖起来的还没有一间。要分析一下两年来的经验、教训。首先要知道，外面的人同我们的目的不同，他们是要做生意，我们是要现代化。比如，在香港有一位老板，不是搞建筑的，是专门搞钱的，开了一间"四化公司"。他说，受委托给上海设计一座外贸中心，包括三百间客房、展览馆等等。问他这个外贸中心建在哪条街上，中国的台湾如何，谁去住等等一些建造时必须了解的一些材料。他说，不要去管这些，反正上海需要搞一个外贸中心。这么搞怎么行呢？

委托外面的人搞设计，有许多问题值得研究。比如，建筑不是绘画，是要建造起来的，是要使用的；不像绘画，不喜欢，可以舍弃。每一座建筑都有它自己的创作背景，建筑设计方案就是产品。外面的人搞的设计，结构不同，方法不同，风格不同，盖起来就不是本土的建筑。在中国的土地上盖起外国人住的外国人经营的本土建筑，这不是有点像"租界地"吗？！再说，人力、材料、设备、交通条件等等都不同，这些都会影响设计。盖起来也会有问题。再如，四化公司说要在北京建一座日本新大谷饭店式的丫形饭店，其实这是失败的设计，服务路线太长。

今后怎么办呢？我觉得首先要分析哪些我们自己可以搞的，就我们自己搞，哪些必须合作搞的，才合作搞。主要是靠自己搞建筑，不应靠外国。我以为，搞设计采用"请进来"和"走出去"合作搞的方式更好一些。可以把外国的建筑师请进来同中国的建筑师共同合作搞设计，也可以派出中国的建筑师到外国去，一开始就同他们在一起搞，便于取长补短。中国同行的本事并不比外国的差。这样，共同搞一个时期，就可以掌握他们的先进技术、先进工具、先进资料。阿拉伯国家就从美国请了不少专家去搞设计。

此外，钟先生还谈到下面的一些问题：

建筑立法要早一点搞出来。英国工业化的时候，就没有建筑条例，造成了一部血泪史。美国各州都有不同的条例。地方性的条例也很重要。

要重视管理，首先要重视利润。在外国，大学生都要学管理方面的课程，而且要求很严。要把旧建筑的建设提到日程上来。不要动辄就新建，改建投资少、见效快，收益大。外国改建工程也很多。1963年至1964年就改建香港有名的半岛酒店。旧建筑，经过改造就变成了现代化的建筑，北京饭店的中楼就可以改建成现代化的，而且改建后的中楼成为北京饭店的主楼，因为它有历史、有名气。

要注重调查研究，搜集基础资料的工作。各种调查统计资料对于设计规划是很重要的。英国就很注重这方面的工作，外国一般是利用大学生来从事这项工作的。

搞建筑设计要注意自然条件、民族风格、地方风格和个人风格。民间建筑的风格可以古为今用。姑且不谈鼓励个人风格，起码不要抹杀个人风格。不要因为搞现代化，就忘记中国自己的风格。尤其是旅游建筑要注意这些，外国人到中国来，不是为了住高楼大厦，要住摩天大楼，可以到纽约去，他们想住的是四合院、苏州园林。

中国要形成自己的建筑风格，50年后可以看到这里20世纪70年代的风格。我们搞建筑的常说，10年以后再看到自己的作品，脸不红，就算很好了。

我们看到的上面这些意见，是钟桦南先生30多年前讲的。现在，我重读似如昨日，因为还觉得新鲜，并不陈腐，仍有参考价值。可惜，这些简报发出去，如石沉大海，以至于没有坚持下去，当时，为什么编发这种简报？主要是考虑到要下情上达。否则，与上级机关老死不相往来，总不通气，于开展工作不利。现在想想，假如能坚持下去，几十年能够编发几百期，总会感动上帝的，据说，90年代又两度编发过这类简报，也两度停办，没有坚持下去。

## 我的体会

出版社是一个文化机构，它的任务不仅仅是针对当前的社会需求，这个社会需求包括专业的科技力量，各个层次的，包括工人，包括工程技术，不仅仅是这个当前的需求，而且考虑到社会文化的积累，还有这个圈以外的社会读者的需求，因此方面很多。它的任务应该说是繁重的，是对历史负责的任务，所以要对社会作出贡献不太容易，这是一条。说到这我想插上一段记忆中的往事。1984年在我调离建工出版社的前夕，得知中宣部在筹划出版一套"中国美术全集"，已组成编撰委员会，但没有建筑艺术卷。于是，我给中宣部出版局打电话说，这部书应该包括建筑艺术，他们虚心地认真研究后同意我的意见，并指定我担任编委。我们专门召集有关专家拟定出五卷建筑艺术分卷的提纲，并分工着手编写。不久，我调离了建工出版社，不仅再没管此事，还辞去了编委。我想说的是，做编辑工作，不仅要做好自己职权范围内的事，还要时刻关心社会出版动态，尽到自己的社会责任。当然，要做到这些，首先要克服"事不关己，高高挂起"那种自由主义思想。另外出版社还肩负着培养人才的这种义务，一是作者群，作者群是要培养的；再一个是编辑群，这两大块。

再就是不要被自投稿把自己的精力埋没进去，出系列图书，非由出版社组织不可。那些手册资料集就可以看出来了，你要不组织十年也没有人干。因此需要一些经费，起码需要启动费、调研费，这就要求出版社必须搞基金，这是商品经济不可缺少的。再就是加强发行上的宣传、书评、推介工作，这个方面是需要人才的，非行家干不了；再就是我说了多少次了，抓两头不放，一头选题，另一头是发行。但是所有的这些东西和领导班子的关系相当密切，首先你先解决认识的问题，你怎么认识，然后你才能去做。还有一个就是人员很多，要开辟新领域，出版社该做的事，没做的多着呢，开辟新领域把这些人安排进去，给他活干，他就不会无事生非，这个关键在于领导脑子里面有没有新领域。

建工出版社历史悠久，为什么没有学者型编辑呢？这是因为出版社不被重视。从领导那儿就把它当做是一个印刷所，而且以前的各级领导文化程度不高，不懂得出版这一套，所以这个机构变来变去，把这个机构扔来扔去的，人当然也就没法培养了。从前也不讲究培养人，就是工作需要你就干。后来改革开放，最近二三十年又追求利润了，所以思想里就没有这个想法。我们这一代人是可以出学者型编辑的，由于历史的原因就没法形成。那些老编辑50%以上都可以称为学者型。可惜就是当编辑，也没有正儿八经的成为学者型的，就是为别人做嫁衣裳，这样干了一辈子。

台湾杂志社的编辑基本上都是学者型的，日本更是如此。日本像小学馆，是很有名气的出版社，出版各种教科书等，挣了很多钱，规模很大。他招一个编辑居然有2000人报名，因为编辑挣的多，就是工资高。陪我到处参观的那个编辑是留法的，学艺术史的，是普通编辑，素质很高，人特老实，特别好，也是学者型的。

日本《新建筑》杂志社做版式设计的，也是大学建筑系毕业的，干好几年了。因为只有学建筑学的人，既懂建筑又懂艺术才能干得好，整个层次就比较高。那时没有电脑，他就用白纸，双页单页，这双页两张照片，单页五张照片，还有文字怎么摆，审视视觉效果，他就用白纸把照片画下来，就是用手把大样画下来，然后再跟文字看，不合适了就调整照片位置和大小。

日本建筑出版社公开招聘建筑学专业的编辑，就是要求建筑学毕业。比如说建筑学硕士，但考试不考建筑学专业方面的内容，建筑学的事我不考，而是考你七七八八的事，看你这个人脑子有货没有，考你历史，考你地理，考你这些事。看你当编辑知识储备够不够。

1980年以后，我临离开出版社前几年，曾经号召过给编辑创作假，一年给编辑两个月假期，可以不上班在家写东西。但是这些人只有个别的干这事，大部分人干不了，没积累资料。他得完成编辑任务，而且多少年都没有干工作，"文革"十年没干工作呀。

在一些国家，有些大出版社收入很高的。像南斯拉夫叫墨脱翁的一家国际出版公司，我们想在他们那儿出版一本英文版的《中国古建筑》，他说可以，但后来没谈下来。我说一切由我们来做，做完了片子给你们，他问书的版面谁设计，是不是中国最有名的。这个问题把我问傻了，我说中国没有有名的版面设计专家。他说我们出版这种书，都找美国或世界上有名的人来设计，因为国外零售商订货认这个。所以我们1980年代初到国际上参加展览，别的出版社说要卖版权，咱们印的中文，然后卖英文。外国人说，你的书就是宣传广告，卖什么版权，不是艺术品。中国手工艺品，一个瓶子，一个瓷坛子占一个页码，翻开了可不是就宣传广告、销售广告。《西藏》一书是日本出的，是建工出版社卖的版权，其实我们就卖一本书的图片，装帧和版面设计都是日本人做的。一样的图片，咱们搞的片子取舍就不一样。（对于图片）我们可能搞的很大，日本人把它做的并不大，但是他会局部放得很大，这是日本一位有名的人设计的。他们不光自己琢磨设计,还看你片子拍的质量。如果说你书里准备放100张图片,就要求起码给他提供300张图片。不合要求的图片他不要,达不到要求,他不给你设计。出版社杨谷生拍的图片,拿的是进口的相机,他的摄影水平很高。日本那边搞设计的人,人家首先挑片子,不像咱们对付着干。设计听人家的,不能听作者的,要么你别找我。人家这三十年前干的活,做得很精细。出版社尽管机构不大,但需要多种人才,需要有多方面的专家,要着力培养才是。例如,不要以为校对谁认字谁就能干。校对人员也需要培养成专家。搞出版发行都需要多少年来培养专家。

1971年以后我们这个班子非常好,在重大问题上团结一致,思想一致。我可以举两个例子,一个是"四五运动",就是纪念周恩来那次群众运动,我们献了花圈。出版社所有领导干部都参加,带着大伙儿去人民英雄纪念碑,给周恩来献花圈。当天夜里国家建委党组就把各单位主要头头找去开会了,必须当夜都取回来。我们就没取,谁爱取谁取。

还有一次,有人整我们出版社的人,都上保卫处、公安部挂号了。那我就跟政工组的人,我们三个人把他保下来了,做了个"扣",保住了。但因为"四五"运动,印刷厂抓起来一个,"四人帮"倒台了以后才放出来,白蹲了半年监狱。因为当时有一个标语,上面写的古诗词,后来那个诗词收到"天安门的诗抄"里去了,"投鼠忌器",就是叶剑英讲的那话,里头有这一句,打江青要忌讳毛主席,用了"投鼠忌器"这个词,还用了别的,很古典的一首诗词,那个纸是咱们建工社印刷厂印封面的废纸,然后就到出版社来追查,谁会写毛笔字,谁会写诗?我说,反正我们出版社没这人才。第一不会写古典诗词,第二没人写这好的毛笔字。"那是你出版社的纸,肯定和你们有关系!"有的人就胡说了，哎，这个字很像×××的字。查来查去从印刷厂找了一个人，这个人毛笔字写得挺好，就给整到监狱了，一直到"四人帮"倒台才放出来。其实他是被冤枉的，到现在也不知道谁写的。

还有"批林、批孔"，我们这个班子认识比较一致。党委书记一把手孟广斌，抗战时期的县长，原来在部里当机械局的局长，还当干校校长，他政治经验很丰富。群众贴大字报，他就说，咱们几个人就讲一句话：有什么揭什么，揭什么批什么，多一句咱们几个人谁都不要讲！群众写、贴大字报，往走廊里贴，贴什么咱都不要吭声。

上面给我们派副社长，有好几次，都是司局长级的，"文革"以后待分配的，今天派这个，明天派那个，全部叫我们顶住了，一个也没要，你要来一个就完蛋。因为有的人资格老，但政治水平、文化水平低，就靠政治运动整人。老孟有办法——拖着他！"部里某某人调你们那，你们怎么老不表态？""哎呀，我们还没研究，等我们研究研究吧！"拖着，互相拖。那个人办法多，还很联系群众，经常和基层的干部、出版社的一般干部聊天。我说出版社的领导班子思想水平决定了出版社的发展。

我想再补充一点负面的特点，这也是非常少见的。至少在中央一些单位是罕见的。

出版社从1954年成立到1970年全部下放，彻底消失，总共16年工夫，没有提拔一名干部。这是为什么？据我分析，这不能怪罪于出版社的领导。主要是因为政治运动一个接一个，而当时确有成文或不成文的规定，在运动中不提拔干部，要考验每个人，采用干部任免冻结的办法。但有时又因为机构变动，不得不任用一些机构的领导干部，于是就产生了任命"负责人"的办法。这样既执行了冻结的规定，又有人负责各项工作。所以，有的人就长期是负责人，至于什么级别从不明确。但有时，运动过后又开闸，可以提拔任命，但开闸的时候不长，下一个政治运动又接踵而至。于是，就又冻结起来，而出版社由于机构屡屡变动，新单位领导不了解，就不可能抓住提拔的机遇，错过了短暂的时机，十多年间竟没有提拔一名干部。

那么，从1971年到1984年这十多年间，也没有提拔一名干部，这又是为什么呢？孟广斌同志临终前说过，那些年人家都提拔干部，咱们出版社一个都没提拔，现在想想，还真有点儿对不起出版社的干部。人之将死，其言也善哪！这是实情，他有此觉悟，也不简单！那时，出版社也确实想提拔一些干部，比如任命各室的主任、副主任，但都未明确是哪一级干部，正处或副处。这又是为什么？我们上报名单里都有，谁是正处，谁是副处。但部里就是没批准级别，也没说明原委。这又到底是因为什么？至今我也不知道，连政工组组长也不知道。

这里，又联系到一个体制问题，像建工社这样的中央专业科技出版社，几十年来一直归属于主管部委，而且往往随着主管部委兴亡而兴亡，设某部而设某出版社，撤某部即撤某出版社。主管部委的副手分工主管或归口办公厅代管。多数情况下，是代管不管，可有时又管得过细，束缚了出版社的手脚。到底如何是好，确是一个值得研究的问题。至今看来，也没一个好办法。

据我所知，1958年建工部孙敬文副部长指示出版社，不要总是出翻译苏联的书，要开门办社，多组织宣传我们自己的技术发明创造的书，增强国内著作的出版。这个指示对出版社的工作起到了具有历史意义的推动作用。到了70年代，还有一位副部级的干部，当找他汇报出版社的工作时，他曾说，我管那么多事，还抓你们出版社的工作？我手里捏那么多"猴"，我捏得过来吗？给顶回来了。从那以后，出版社这只"小猴"就再也没有去向他汇报过工作。到了 80 年代，建工总局副局长张哲民同志分工主管出版社。他曾说，这些年咱们建工总局在京直属单位，我看就属出版社的工作成绩大。他还说，要我管出版社，说实话，你们出书那些事，我也不懂，我也没法具体管。其实他懂，他是解放前浙江大学土木系出身的地下党员。他还说，反正你们自己去做，如遇到什么困难，需要我替你们办的，告诉我，我来办，一定做好你们的后勤工作。出版社盖厂房，设备更新，盖职工宿舍，都是那个时期建工总局领导审批的。

# 我与《建筑师》

## 创刊

《建筑师》这几十年,我想是经过风风雨雨才保持到现在可以继续出版的。它的出生曲折,办刊很曲折,一度差一点被扼杀了,这个很多人都不知道。我从头说起吧,出版社办杂志,这个做法别的出版社也有,很少很少。1979年之所以敢于办杂志,主要是因为刚刚开过三中全会,有一个非常好的社会氛围。我办这个杂志就是有针对性的,因为那时候建筑学专业只有一本杂志叫《建筑学报》,而它篇幅有限,月刊,它是实录性的,很少有学术论文,稍微长一点,它又登不了,有页码在那儿限制。我办一个丛刊,就是办厚的,论文也可以登,要以学术为主,不是以实录为主。为什么《建筑师》受欢迎?登论文!人家就说了,你们两家应该调个名,你们叫《学报》,他们叫《建筑师》。为什么叫《建筑师》?因为当时中国没有建筑师,都是工程师,解放以后"建筑师"这仨字就没有了。我们国家当时好多人不懂建筑师与工程师是两个不同的职业名称。文化水平低嘛!我是有针对性的起了这个名,也非常凑巧,台湾那个《建筑师》也是1979年创办的,和咱们同一年，非常巧合！还有一点就是办《建筑师》这本刊物和出书的关系，我觉得是互相促进的。办刊物可以团结作者，扩大作者队伍。他写文章多了，他就有出书的本事，出书的人可以写文章。而且办刊物也扩大出版社的影响，因为刊物比书的影响面更大。

《建筑师》的特点就是本子厚，可以登论文，登学术文章，实录少登，搞了几期以后还登人物。挨骂，挨骂也登！没人怎么出设计啊？当时找的编委都是讲师，哪有教授？当年《建筑师》的编委都是干具体工作的，彭一刚①他们都是讲师。这些人后来也都发展起来了，都是系主任，大教授，博导。彭一刚还当选为中国科学院院士。另外，这些人的人品也都是一流的，没有一个"文革"打砸抢的，欺负人的。所以这个团队是团结的，没有人告密，可以随便讲话。我第一不找老的，为什么？年纪大了，找他来开会都很不方便。这些人（我当时找的那些编

图18　1979年于哈尔滨建筑工程学院召开《建筑师》第一次编委会

前排左起天大彭一刚、出版社王伯扬、哈建工邓林翰（已故）
后排左起清华吕增彪（已故）、西冶刘宝坤（已故）、重建工白佐民、出版社杨永生、华南刘管平、南工晏隆余、同济喻维国

---

①　彭一刚，天津大学建筑学院教授，博士生导师，中国科学院院士。

委)正在上升，40多岁，有干劲，给你组稿，给你联系事，很得力。要在上海开会，给喻维国打个招呼，上你们同济开会，给我们联系住处，吃饭的地儿，开会的地儿，那喻维国一活动，就行了！你请一些年纪大的怎么弄？他得找助手干。要整什么稿子，约什么人，喻维国帮我约去！南京的找南工的晏隆余，你跟童老去说，跟他要稿！所以第一次编委会在哈建工开[①]。邓林翰[②]是编委，邓老师由始至终特别热情。临走了，都要买硬卧，那时候没有资格坐软卧，硬卧不好买啊，老邓动员学生半夜两三点钟就去火车站排队，挨个买，哈尔滨到广州……都是老邓给办的，在北方大厦住的。北方大厦那时是哈尔滨最大的宾馆，在那开会，租会议室挺贵的，上学校开去！老邓就跟他的学生说，今儿这教室我们占了。学生都被赶走了，大伙儿(编委)很融洽，没有极左的"捣蛋份子"，都是随便讲话的，大胆出主意的。开完了会，屋里还神聊呢！那时候出版社和这些编委关系很密切，那么这个《建筑师》风格就定位了。

开始就是书号代刊号，那个时候不是不实行刊号，但是管的不像后来那么严，所以我就想呢，办个《建筑师》杂志，要是给上面写报告要刊号肯定不批，为什么不批？有个《建筑学报》还没办好呢，还办？你出版社不就出书吗？你办什么刊？纸张又缺乏，纸张缺乏办什么刊？没事找着挨批啊……很多很多观点，肯定批不了，那就扼杀在摇篮里了。因为你要办刊号，必须要经过国家建委，然后到出版署，这一路不定哪关给你卡死。所以我就想了一个办法——以书号代刊号。我不叫什么什么月刊，我叫丛刊，丛起来的，还不定期出。那么这样子就可以我说了算，我批准发

---

[①] 哈建工，今哈尔滨工业大学建筑学院。
[②] 邓林翰(1931~2008年)，时任哈尔滨建筑工程学院建筑设计教研室主任。

图19 1993年12月《建筑师》编辑部同仁合影。
右立者徐纺、左①于志公、②杨永生、③王明贤 他们除了编杂志，还当书稿的责任编辑。

稿就出版了，不受制约了，就和书一块儿在书店发行了，其实就是钻空子了。从那以后，一二十年一直都是书店发行的。

创刊第一号是非常要紧的，林乐义、王华彬[①]等都写了文章。还有清华一位老教授戴志昂，画的《红楼梦》的平面图，画了好几十年，彩色的，把它夹在后面，很招人喜欢的。还登了一些编译的东西，他们清华几个老师翻译的东西。一出来就叫好了，大开本，大八开。出版了以后，获得了社会好评，同时得到国家建工总局副局长阎子祥的好评。阎子祥那时主管建筑学会和出版社。他还拿着杂志给《建筑学报》他们那些人看，你看人家刚办的，

---

① 王华彬（1907~1998年），福建福州人。1927年毕业于清华大学建筑系，1931年毕业于美国宾夕法尼亚大学建筑学院，获建筑硕士学位。1933年回国。曾任沪江大学、之江大学教授。建国后，历任华东工业建筑设计院总建筑师，北京工业建筑设计院总工程师，中国建筑科学研究院总建筑师、总工程师、高级工程师，中国建筑学会第三、四届常务理事和第五、六届副理事长。

你们好好看看！我第一期印了五千册，一下子就光了。新华书店要八千册还是几千册，我没按他那个数，我故意少印，让你读者买不到，吊胃口！第二期出来了，读者马上就去买了。第二期我一下就涨上一万册！第一期买不到了，第二期一出读者赶快去买，唯恐买不到。现在第一期能卖好高的价钱。第一期我们组稿也很厉害。

　　创刊初期，别说领导不批准，专家也不看好！我跟齐康说，你路过上海找陈植①帮我组稿。齐康一跟陈植说，陈植就说，呦？一个《建筑学报》还办不好，又办一个？找童寯组稿，童寯说，第一期出来我看看再说。他意思是说我看了好不好再说，你这刊物要是不好我就不给供稿！那是做学问的人，不想掉身价。第一期，童寯看了以后说，先拿一篇登第二期吧。以后每期一篇。童老看中了！后来我到童老家里跟他谈书稿问题，这一谈，爷俩谈得挺投机，我就开始出童寯的东西了。都是小册子，一本一本单出的，有《苏联东欧建筑》《近百年西方建筑史》等，一本一本的小薄册子。出来以后我送林乐义，我说，你看看，看看怎么样，童寯先生的新作。我说，小薄册子太薄了吧？问题阐述的不够吧？林乐义说，"这些问题也就是介样子（福建人口语，标准音为'这'）！也只能写成介样子！"都是首肯。一般情况下出了书我也做调查，不光看名气。

　　后来陈植又碰见齐康了，叫齐康给我带话，他原来那句话说错了，撤回！《建筑师》创刊后他看了觉得他原来说错了，撤销他那句话，叫齐康告诉我。到今天几十年过去了，每每想起陈老

---

①　陈植（1902~2001年），字直生，生于浙江杭州，建筑专家。早年与赵深、童寯合创华盖建筑师事务所，创作了一批在近代中国建筑史上具有影响的作品；任教之江大学期间，培养了一批优秀人才。历任中国建筑学会第一至第四届常务理事、第五届副理事长、第六届顾问。

这种谦恭的为人态度我都肃然起敬。

《建筑师》那个时候找陈志华[①]开专栏，陈志华已经有名气了。最开始是他投稿，我们看中了。他1961年出了《外国建筑史》那本书，我就知道他了。后来他写了文章，王伯扬不敢登，我一看，登！后来又跟他约稿，陈志华跟王伯扬说，我敢写，你还敢登吗？王伯扬就来问我，我说，你答复他，他老兄只要敢写，我就敢登，他写什么，我们登什么。这下子把哈建工的邓林翰老师吓坏了。邓老师说，你登这个啊？这行吗？陈志华当时在文章中还批评了彭一刚的一些观点。彭一刚说，我跟他观点不一样，我得反驳。彭一刚写了一篇反驳文章，然后陈志华也就没再争论。就这样在《建筑师》这个刊物中形成了一个"百家争鸣"的局面。后来，两位教授关系还不错。

《建筑师》还登人物传记，全是解放前出名的建筑师，也有个别解放后出了名的。介绍他们有什么作品，有什么学习经历。当时反对声音很厉害，我们登了某位建筑师，他所在的设计院就有人来信反对，说这个人学问不那么大，你们还特别介绍？但事实上这个人不错，能力也很强。你反对吧，不理你。我们对作者很尊重，也很客气，关系处得很融洽。所以源源不断的有稿子投过来，这样《建筑师》就发展壮大了。我经常同编辑们讲，一本杂志，一期有一篇好文章，人家就买，就怕你一篇都没有。要敢于发表评论，敢于说话，如果说的话都是人家说过的，这个刊物谁看啊？没有新鲜感了。当时也得益于1978年三中全会以后，外部环境

---

① 陈志华，1929年9月2日生于浙江省宁波市，清华大学建筑学院教授，建筑理论家，古建筑保护专家。1947年入清华大学社会系学习，1949年转入清华大学营建系。1952年毕业于清华大学建筑系。当年留校任教，直至1994年退休。讲授过外国古代建筑史，苏维埃建筑史，建筑设计初步，外国造园艺术，文物建筑保护等。专著有《外国建筑史》、《外国造园艺术》、《北窗杂记》、《意大利古建筑散记》、《外国古建筑二十讲》等。

比较宽松。而且出版局那帮领导支持我们，管科技书那几个领导，因为都是搞文化的人，每期都送给他们一本，他们都还看。"这个杂志不能取消，这个杂志我们赞赏，没事！你就干吧。"他们都是这态度。

说是不定期出版，但是我们内部是按季刊来掌握出版。三个月做一期，因为我当时是主管编辑工作的"革委会"副主任，《建筑师》只是占我全部工作的一个小部分，我就指定一个王伯扬当编辑，王伯扬除了编这个刊物还编书，他能够按你的意图做事。实际上王伯扬是责任编辑，我是主编，也是编委会主任。开会什么大事都是我定的，怎么登，登什么东西，大主意我拿。但是我不署名，直到我1990年回到出版社以后，我才开始署名。为什么不署名？因为这个刊物是我办的，自办刊物自封主编，人家该说你是出风头，有个人名利思想。所以谁的名字我都署，就是不署我的，免得"枪打出头鸟"。我对我们这个社会多少还了解一些，你只要一出头，就有人打你。平时不打你，运动一来了就打你，因为你在某些人心目当中还是"资产阶级知识分子"。我们这批解放前的知识分子，在我们某些干部的脑子里是"资产阶级知识分子"，尽管你是党员，但你是"三门"干部（家门、学校门、机关门），思想还没改造好，一有机会就整你。我那时候在国家建委已经是"出头鸟"了，像我这样的资历能当革委会副主任就很少了，又是党员，又挺厉害，到时候不收拾你才怪哩！

## 评优与学术活动

《建筑师》搞了近二十次的学术活动，其中有几次是很有影响的。比如中小型建筑设计评选，中青年建筑师设计评选，大学生设计竞赛评选等等，还有建筑与文学研讨会，这些都很值得说说的。在深圳搞的中青年设计竞赛，一流的国内建筑师都请到了，请他们当评委。再就是搞学术报告会，因为那个时候没有学术活动。第一次搞是与《世界建筑》杂志合办，在北京天文馆。请汪坦[①]、罗小未[②]、刘光华[③]、香港钟华楠做学术报告。清华的学生、北京市设计院，有关设计院的人员我们发票，全都是免费的。一个人讲半天，一共两天。那是夏天，天文馆那个电影厅挤满了，窗外都是人。报告文稿我们就登杂志了。来听报告的人不就知道我们有《建筑师》杂志吗？这也是互相促进的。

还有一次会得到深圳华森设计公司总建筑师张孚佩的大力支持。请著明专家做四个学术报告。这是空前绝后的，一位是北京市的总建筑师刘开济[④]，他讲世界建筑设计的动态；范迪安[⑤]讲世界美术界的动态，上海音乐学院的作曲系主任

---

① 汪坦（1916~2001年），1941年毕业于重庆中央大学建筑系。1947年赴美国留学，1949年回国。清华大学建筑学院教授、著名的建筑教育家、建筑理论家和建筑史学家、中国近代建筑史研究的奠基人。

② 罗小未（1925~），女，生于上海，同济大学教授。1948年毕业于上海圣约翰大学建筑系。从事建筑理论和外国建筑历史的研究和教学。主编《外国近现代建筑史》，著有《西洋建筑史与现代西方建筑史》、《外国建筑历史图说》。

③ 刘光华（1918~），南京人，1940年毕业于中央大学建筑系，1944年赴美先入宾夕法尼亚大学建筑系，后去哥伦比亚大学建筑与城市规划研究院，1946年获取硕士学位，在纽约工作一年后回国任中央大学教授。1941年与何立蒸、龙希玉合组兴华工程司，1947年恢复兴华工程司，1949年与哈雄文、黄家骅合组文华建筑事务所。1983年应聘为美国博尔大学访问教授。

④ 刘开济（1925~），天津人。1947年毕业于天津津沽大学建筑系。曾在基泰工程司、华泰建筑师事务所工作。北京市建筑设计研究院顾问总建筑师、中国建筑学会常务理事、建筑师学会副会长，国际建筑师协会候补理事，国际建筑评论委员会委员。擅长建筑设计、西方建筑理论。主持设计的建筑作品：中国人民大学图书馆，中国驻马里大使馆，北京昆仑饭店等。

⑤ 范迪安，1955年10月生于福建，浙江人。曾任中央美术学院院长助理，中央美院副院长，从事20世纪中国美术研究、当代艺术批评与展览策划、艺术博物馆学研究。现为中国美术馆馆长，中国美术家协会理论委员会副主任，教授，美术评论家。

图20　1994年深圳"四合一"会议合影
第一排左起②戴复东　③潘祖尧　④聂兰生　⑤张锦秋　⑥齐康　⑦彭一刚　⑧石学海　⑨李迪㤽
　第二排左起①张孚佩　②栗德祥　③卢济威　④谭志民　⑤杨永生　⑥关肇邺　第三排左起①许安之　③程泰宁　④钟训正　⑤邓林翰　⑧刘开济　第四排左起①王明贤　②徐纺　③王伯扬④蔡镇钰　⑤张皆正　⑥周庆琳　⑦白佐民　⑧马国馨　⑨于志公　第四排　刘管平　所谓"四合一"即：1.第二届"建筑师杯"中青年建筑师优秀作品评选。2.分别请刘开济、范迪安、杨立青、张颐武做世界建筑、美术、音乐、文学动向报告。3."建筑师与21世纪"专题研讨会。4.现代建筑创作小组会

杨立青[①]教授，讲世界音乐的动态，边讲边解释边放音乐，后现代音乐是什么，听一段然后他解释这段，这段完了然后再放一段再解释一段；一位是张颐武[②]，北大中文系教授，讲世界文学的动态，都是一流的（图20）。办这个活动主要是因为建筑界知识面太窄，想扩大建筑学界的视野。艺术越往上是越相通，音乐、

---

[①]　杨立青，作曲家，教授（博士生导师），联邦德国汉诺威高等音乐学校钢琴硕士、作曲博士，现任上海音乐学院院长。
[②]　张颐武，著名评论家，文化学者。北京大学文化资源研究中心副主任，北京大学中文系教授，博士生导师。研究领域包括大众文化与传媒、文化理论、80年代以来中国文学和电影。

建筑、艺术、文化都是相通的。那些报告很多人做笔记，都感动了作家韩小慧，她说，"哎呀，建筑界太厉害了！又有学问，又认真，哎呀，我们文学界开会从来没人做记录。"那影响特别大，特别好。请这些人不容易，给你讲世界的最前沿的东西。杨立青特别有意思，明天下午做报告，今天晚上到，明天晚上坐飞机走了，回上海了，很忙。到了以后，我去看他，可是他穿皮鞋时，我发现两只鞋子两样，他自个儿还没发现。笑笑说，急急忙忙奔机场，在家里穿错了。他也不在乎，根本不在乎。

这个会的策划，我让当时建筑师杂志责任编辑王明贤通过各种关系做了很多调查研究才确定人选的。那次活动的钱都是我们弄的，出版社一分钱没掏，几十万，深圳的一些设计院给了大力支持。后来，我们到海南搞活动，出版社也没掏钱，出版社还沾我们的光了。我找钱，我带着于志公我们俩，一下飞机，白佐民来接我们，白佐民是我们编委啊。他说：你啥事上这来了？我说，上这找钱来了。怎么样哥们，掏点不？白佐民：得掏钱，我先给你三万吧。我说：行。我有这个垫底了，但是我到海南找钱得先得到建设厅允许。找了我建设报海南记者站站长，然后通过他找厅长。我跟厅长说，我是两条啊，一条你同意我在你这划拉钱，搞学术活动，搞建筑画评选，电脑建筑画。那个年代电脑建筑画刚开始，还很少很少。他说：你能找钱吗？连我都找不到。我说，找不到钱明天我就坐飞机走，上别处找去了，不在你海南了。他说：那行，你找吧。我说，第二条，找了以后，这钱我不拿走，放在你建设厅的财务上，不够了我再往里添，够了，对不起你得给我退回设计院。据说，这个厅长原来在四川文联当过主席。他说，我还没遇到过这样的人，你来了，这给钱还不卷走，还都撂到我这。我说，那当然了，你给我出个处长，管钱，设计处的处长，叫他配合我到设计院去。我拉着地方官员跟我俩去要钱，设计处处长

图21 1996年在天津召开的"比较与差距"建筑学术研讨会合影。左起①王贵祥 ⑤顾孟潮 ⑥韩小蕙 ⑧聂兰生 ⑨马国馨 ⑩潘祖尧 ⑪杨永生 ⑫赖德霖 ⑬齐康 ⑮彭一刚 ⑰邹德侬 ⑱吴耀东 ⑳于志公

图22 左起①葛守信 ②纪怀禄 ③黄汉民 ④栗德祥 ⑥章又新 ⑦刘玉琦 ⑧刘宝坤 ⑨魏大中 ⑩刘慈慰 ⑪杨永生 ⑫刘管平 ⑬黎志涛 ⑭邓林翰 ⑮晏隆余 ⑯钟训正 ⑰谭志民 ⑱王珮云 ⑲常青 ⑳王伯扬

正好管设计院的。

到了第二天下午,我就拉着设计处长到设计院了,什么一机部设计院分院啊,这个那个分院,搞什么什么活动跟人家一说,说完了就说:随便,多给多要,少给少要。比方说吃饭埋单,你这个院负责,住宿你那个院负责,交通你那个院负责,然后多退少补。有的院就问我,你已经弄到多少钱了?我说,昨天下飞机白佐民就给了三万,你看着办。白佐民给三万,我们起码给五万。就这样,这五万,那十万加一块,就够咱开一个会,在饭店里召集会,咱得宣布谁多少钱,你们把钱放到建设厅账户上,多退少补,皆大欢喜。我把电脑画都展出了,展览得请个领导人啊,请市委书记!正好建设部有一个同志是部里下放任职锻炼的局长,现在可能当部里不知道什么官了,他跟我见了面说,哎呀,咱部里出版社咱得帮助啊,你有什么要求?你办什么事你就让我办吧!我说:麻烦你给我请个市委书记来剪彩。他真给请来了。第二天海口的报纸就发消息市委书记出席展览并剪彩。

这些活动特别是深圳搞的那四个学术报告,建筑界都特别振奋,没听过这么高水平的。建筑、音乐、美术、文学方面的报告都没听过。我每次搞这些活动,我都有所考虑,都是一流的。评选、听报告、评选、再开会,他们很愿意参加,你下次再请他,他高兴极了。然后这些报告我就在《建筑师》发表啊,稿源也有了,社会关系也建立了,钱也没花,何乐而不为?但是这个东西你必须有各方面的社会关系,你必须有威信。"建筑与文学"研讨会,请哪些人我回头给你们看我那个纪念册,都是名家,文艺界如公刘、黄宗江、马识途、邵燕祥、邵大箴、林斤澜、叶楠、叶廷芳、舒婷、张抗抗、何西来等。建筑界的如周维权、徐伯安、郑光复、戴复东、刘管平、马国馨、陈薇等。我晚上开会他们年纪大的都来,林斤澜这些老人都来。张抗抗给我们帮了不少忙,文学界人士都是她帮忙邀请的。还有浙江的洪铁城、中房集团南昌公司达式林、南昌市土木学会方留洪，他们都是出了很大力气的主办人员，中房集团南昌公司是出赞助费的单位。

关于当年《建筑师》、《建筑画》举办各种学术活动及学术报告的社会效果，我这里不想引述各方的好评，唯恐人家说，这是自吹自擂，也不想说别人如何无视无知，竟说什么评比是他们首次创办的等等。但是我也不得不引述钱学森关注建筑学的一段话。他在1994年3月1日致顾孟潮的信中说：

我国建国后的一切学"老大哥"，一切都是计划经济，体制也是如此。建筑科学院属国家建设部门，自然只重工程，对建筑工程的上层学问就一概顾不得了！尤其是建筑这门学问是横跨自然科学、社会科学与艺术的，老一套体制是无法办好的。幸而党中央在邓小平建设有中国特色的社会主义的思想指导下，破旧立新，建筑科学大有可为了！我看气氛已经在变：近见《建筑师》杂志1993年54期就刊载了"建筑与文学"学术研讨会[1]的论文，55期刊有"建筑与心理学"研讨会[2]的论文……

搞《建筑画》是咱们这儿开始的，在咱们开始以前没人弄。咱们最开始是《建筑画选》就那个大本子，80年代初出过的白皮那个。那个是全国征集，谁都可以投稿。

在承德评选，承德避暑山庄那时候没人去。我们在那儿深秋了以后去的，把一些名家都请去了。杨廷宝、吴良镛、华宜钰……

---

[1] 1993年5月26日~30日，有南昌市土木建筑学会、中房集团南昌房地产公司和《建筑师》杂志编辑部主办的"建筑与文学"学术研讨会，来自全国各地的50余位著名作家和建筑学家参加了会议。会后，1993年10月出版的《建筑师》杂志刊登了"写在纪念册里的话"，会上发言和20篇论文。

[2] 1993年7月20日~25日在吉林市由中国建筑工业出版社、哈尔滨建筑工程学院和吉林市土建学会联合召开了首次"建筑与心理学"学术研讨会。会后，在当年12月出版的《建筑师》杂志上发表了《关于促进建筑环境心理学学科发展倡议书》和13篇论文。

图 23　2000 年 3 月在广东顺德召开的第二届全国电脑建筑画评选活动评委合影
前排左起　②纪怀禄　③卢济威　④彭一刚　⑤钟训正　⑥杨永生　⑦郑国英　⑧何镜堂　⑨王伯扬
⑩屈培青　后排左③梁应添　④叶荣贵　⑦王国樑　⑧范迪安　⑨郑曙旸

图 24　1991 年由《建筑画》杂志主办的全国建筑画展览在上海举行开幕式。出席的重要嘉宾有：
左起①冯纪忠　②罗小未　③陈植　④汪定增　⑥倪天增（上海市副市长）　⑦吴良镛　⑩戴复东
⑫张祖刚，前排主持开幕式的是杨永生

名家全部到场，住在避暑山庄那个藏四库全书的文津阁小楼里，那时候是军区小招待所。画都挂在宫殿外头的大殿里，大家评选，一边走一边看，这个要，那个不要，可热闹了，然后出本书。承德随便看，愿意上哪儿看就上哪儿看。承德文物局长接待，那位局长挺热心的。

《建筑画》杂志不是我的主意，是建筑编辑室副主任杨谷生的主意。他是清华20世纪50年代毕业的。他说没有《建筑画》，咱们出本书怎么样？我说可以，这就商量怎么干怎么干，具体由他去操作。后来很多建筑学专业的学生上学都临摹那本画册。

就这样，我采纳各方面意见。组织评选会，我还不怕大，什么事越办大越高兴，来的人越高级，我还越高兴。咱是跑龙套的，人家杨廷宝是大专家，咱们不能让人家干组织会的事啊，这个我事先都说明了。我能让杨老组织会吗？一整好几个小时，我来干，跑腿的事我来啊。

大学生设计评选是《建筑师》开始的，那是很有意思的事。搞"大学生设计竞赛"，我受人家启发。抗战的时候，梁先生在四川搞大学生的设计竞赛。这个信息是我看了营造汇刊得到的。还有一个启发是在日本，我到《新建筑》去访问过。《新建筑》每年或者是隔一年都搞"国际大学生设计竞赛"，中国同济大学的学生在那儿还得了奖。我1980年去日本，他们刚搞完，《新建筑》总编给我介绍，我们搞得很好啊，就是建筑材料厂商给的赞助，你们中国学生在这儿还得了奖，同济大学的，你来看看。就叫我上他们楼上看，一摞子一摞子的图纸，他们找专家评的。杨廷宝、童寯、陈植他们在美国念书时不也都得过奖吗？还有"美国大学生设计竞赛"，我也是受人家这个启发。内外两个启发，我也搞大学生设计竞赛。第一次评选清华好像只得了个三等奖，一、二等奖没有。他们说：那得往上拽一个吧？我说：不能拽，没有就是没有！清华第一次参加评奖他们没在意，第二次吴良镛就亲自抓，他们就上来了。那评奖也是很热闹的，有一个方案挺好的，但是第二轮一仔细看，二层楼没楼梯，方案忘了设计楼梯了！那上二层怎么上？有的评委就说：这个方案非常好，楼梯补一下就完了，可以上个二等奖，哪怕是三等呢！有的就说，这是学生不应该原谅的事儿，大四了，还忘记设计楼梯，不应该。那怎么办呢，争论啊，反正我是主张不上，什么奖都不上！大伙儿同意了，就这么着。

尽管名字和学校都盖上了，老师也基本上能看出来，但这并不妨碍评出好作品。大家评就是一个一个的，站在那，一边走一边评，挑毛病，互相挑。这样好几轮呢，最后评出来的，集中挂在一起。评出来的确实是水平高的，专摆那再挑毛病，再挑一次，互相挑，大伙儿都挺热情的。还有大学生论文竞赛，还有专门搞一次中小型建筑的设计竞赛。都抓大的建筑，我弄小的。你们眼睛总是离不开大设计院，我就请乙丙级设计院，把你们认为优秀的设计拿来参加评选，以资鼓励，给他们发奖，弄的都挺高兴的。这个活动是互相促进的，你杂志搞活动可以团结一大批作译者给你弄书，然后你的书又互相促进，团结一大批作译者，你一说我是《建筑师》（杂志社），到哪个小设计院——哎呀，好，欢迎啊！你看我们还得了你一个奖呢！你到设计院一看到柜子里有咱社的奖杯在那摆着，这就会拉近彼此间的距离。大学生得奖了，大学生就买我们的书、杂志。而且我们能发现人才。像深圳的汤桦、孟建民等念大学时都得过奖。孟建民一直就跟我讲，我也是你们培养过的。

咱这个《建筑师》，创刊以后，中间有一次出版社要停刊不办了，为什么？不挣钱。那是我离开以后，80年代中期。彭一刚听到了这个消息，亲自找社领导说，不能停，这些编委都很支持。

图 25 《建筑师》编委会
左起①孟建民 ②常青 ③黄汉民 ④刘宝仲 ⑤邓林翰 ⑥杨永生 ⑦白佐民 ⑧刘管平 ⑨谭志民 ⑩栗德祥 ⑪黎志涛 ⑫王明贤

图 26 钟训正（左）、彭一刚（中）、杨永生（右）

因为那时候你又不是有刊号，有的大学不给你算一类刊物就是不挣钱的原因之一。买也买不到，大学又不当一类刊物。比如说天津大学，讨论在《建筑师》上发表论文是否算一类刊物。彭一刚说，必须算一类刊物。你别管它刊号不刊号，咱们大学老师登在这上的文章，就和学报一样，别的大学也是这样子。后来，就写报告申请刊号，有两三次都到手了，被部里有的领导"改嫁"了，给他管的刊物了。就到赵晨当社长的时候，才办下来一个刊号。原来，出版局的态度是，你们就这么出！我们说，那人家有意见，撤销怎么办？他们说，我们在这儿替你们顶着。出版局支持的态度，这一点很重要。

关于《建筑师》，天津大学有几个人做过研究，前几十期吧，对《建筑师》一期期研究，作者分析，文章分析，有个研究论文，在咱们杂志上登过。

你办事还得符合情理，咱们也不是很死板的。有一个老教授，他老婆要升正教授，差一篇文章。他说：这篇文章我早就给你们了，在你们那放着等着前来后到排队上版呢，他说你最好这一期给我发表，就能够赶上评教授，要不，晚了，这机会就错过了。我说：这可以啊，撤一篇，别的排好的撤下来，这个上去。这也不违反什么原则。

在这里，我还必须讲一段《建筑师》杂志在各项活动中大都还邀请有关报刊的记者参会，给他们创造条件，帮他们出主意，写出报道及有关评论文章，鼓励他们写，以求在媒体上更多地反映建筑学界的动态和呼声，扩大建筑学界的社会影响。

值得着重提及的是1993年在我们召集第一届"建筑与文学"研讨会期间，应邀出席会议的新华社记者丛亚平同志不辞辛苦地采访了与会的建筑专家。回京后写了一篇题为"建筑专家谈当前建筑领域存在的一些问题"，刊登在1993年7月6日新华通讯社印发的内部简报上。其全文是：

## 建筑专家谈当前建筑领域存在的一些问题

新华社讯　记者最近采访了一些建筑专家，他们针对当前建筑界的情况，坦率地谈了一些问题，并提出了不少建议。

建筑家们谈到，现在有一种现象：一些领导忙于在任期内完成一些项目，盲目求快，匆忙上马，而且互相攀比。许多项目上马前不做细致的可行性研究和科学论证，只要求能盖起来，领导同志们看了满意就行。由于没按建筑自身的规律办事，结果产生许多令人啼笑皆非的事情。

不少建筑专家谈到，建筑行业受行政干涉过多。由于城市建设见效快，保留时间长，容易看到政绩，因此在这方面领导的干预就尤其多。他们说，领导同志和建设单位对设计提出各种合理要求，我们是欢迎的。但是干预过多，特别是一些违反建筑规律的干预，必然产生一些"四不像"或更糟糕的东西。例如有的领导提出要在桥上建剧院，有的领导硬要在不宜盖高楼的风景点盖高楼。建筑师们受到的干涉多了，创造的积极性就受到压抑，很难产生好作品，目前许多大型建筑不是建筑家在设计，而是领导定样式，建筑师画图。不少建筑家回忆，过去周总理领导搞十大建筑都邀请有名的建筑家一块商讨、论证，广泛听取意见，而现在一些大型项目并没有多听听或听进去许多建筑家的意见。建筑师们指出，建筑不同于一般的产品，它要几十年、几百年立在那里，如果造型、功能、效益不理想，损失将是巨大的、长期的，因此更需要慎重。

有些专家指出，解决干预过多的根本办法是要改革设计程序和设计审定的管理体制，以法律来保障设计程序的实施，什么样、什么级别的建设必须经过什么样的审定程序，要按科学、严密的法律规定办，而不是随意性的、某个人说了算的。另外，一些不科学的做法、不切实际的口号也应限制。如一个大项目刚确定下来，什么都还没干，就先卡死完工日期（如向某一节日献礼等），然后顺此往前推，推到最后搞设计的时间就给一点点，结果往往只能做得很粗糙，而设计粗糙又必然影响整个建筑。

许多建筑专家对一些地方出现的"仿古风"，即粗制滥造很多没有文化价值的仿古建筑很不赞成。例如有个地方重建汉代扬雄的子云亭，用的是琉璃瓦（汉代还没有琉璃瓦），而且用的是清代风格，显得不伦不类。这些还算好的，全国各地还有一大批粗糙滥造、不伦不类的仿古建筑、大牌坊等，浪费了相当多的资金，留下了一大堆看了让人摇头的建筑。

在大量假古董盛行的同时，一些真古董却遭到破坏。例如有的城市一块土地批下来后，上面的建筑不管好坏全部推平。那些代表一定历史时期一定风格的房屋也一概"剃光头"，非常可惜。另一方面对许多真古董的"保护"，实际上是"建设性的"破坏，如有些古建筑已失去原有的风格，还有些古建筑被彩漆刷得不伦不类。著名建筑家梁思成先生曾告诫："千万不要一番好意去修缮古文物建筑，因为这方面的知识不够，反而损害了它。"

许多建筑家还提出，目前我国的房地产开发进行的较快，但城市规划严重滞后，使开发与建设处于较紊乱的状态。规划跟不上的原因，首先是规划人才跟不上。现在城市规划研究所（或规划学院）全国没有几个，每年培养不了多少学生，而且这些毕业生能分到规划部门做规划工作的就更少，省、地、市县规划机构中合格的规划师寥寥无几。有的"历史文化名城"的规划机构甚至没有一名规划师。还有许多新开发的地区只有总体规划，没有详细规划。自己心中无数，由外商随意盖，将来势必造成混乱，而一旦混乱局面形成，再改就十分困难。原因之二是规划即使做出来作用也不大。按理说，经过审批后的规划应具有约束力，任何调整、改变都应经过原审批机构批准，但是现在，许多地方仍是"规划、规划，墙上挂挂，不如领导一句话"。

还有的专家谈到，对建筑业、房地产业等，政府不能完全撒手，任由各方把价格炒得很贵，而应对房地产特别是住宅价格有所控制。现在一方面是房地产炒卖到贵得惊人，一方面是大片的土地贱卖给外商。当然不是不可以卖，而要看怎么卖。一般说，应该事先有规划，关键地带要给自己留一点。要尽量卖熟地而不是卖生地，粗加工或规划好再卖。否则我们卖统货，外商规划好了再卖给我们则卖得很贵。

一些专家说，目前国内有相当一批建筑家的设计水平是不错的，但往往在一些建设单位和领导的心目中还是远来的和尚好念经，非要花美元请海外的人来设计。这种钱到底值不值得花？我们大陆有些老板请香港的设计师设计，而香港设计师跑到内地找设计师干完后拿来糊弄大陆的老板，这种实际上是由中国设计师设计、外国人挂名并拿钱的事已发生多起。外国人收费往往是国内设计师的5倍以上，而且常常是简单画个图就走人，细致图还得大陆人画。因此，要尽早建立中国的建筑师注册制度，建立自己建筑大师的事务所。同时解决设计费用不合理的问题。

不少专家告诫，目前有许多相当重要的建筑施工质量都很粗糙，有的甚至差到危险的程度。设计部门在验收中常常发观施工质量极为粗劣，偷梁换柱的、更换材料的，什么名堂都有。质量差的原因一是许多公司自己没有什么技术力量，挂着大牌子，乱拉些农民工施工，许多人连柱子都对不齐，土木专业知识更没有。建筑业缺乏合格的工人和有敬业精神的员工，是比较普遍的现象。二是一些施工单位层层盘剥克扣建设资金，质量难以保证。设计单位面对远远不符合国家验收标准的建筑不签字时，施工单位就采用各种办法与有关部门"协商"，最后部门出面强迫设计者签字。前段时间南昌失火垮掉的商城，设计院曾坚持不验收不签字，最后一名市领导要设计单位验收签字,失火时连救火车都砸到了里面。建筑家们感叹,再好的设计,碰上这样的施工也没办法,从现在起必须从上到下高度重视质量问题,否则大量钱花下去,最终造出许多废品。(记者丛亚平)

事隔近20年,读者当然会看到近年有许多问题仍未彻底解决,这到底是因为什么?我想,似无必要由我去分析,读者都会有自己的思考并得出自己的评论。

## 我的师长和朋友

童寯的道德品质是比不了的,东北大学的幻灯片,"九一八"事变他自个儿的东西丢了不少,带一箱子东北大学建筑系的幻灯片从沈阳逃跑,逃到了北京,抗战期间都带在了身边,保存好。日本投降以后,他也没有给国民党东北大学。解放了以后,他才还给了东北工学院。这个就叫道德品质吧,张镈和费麟他爹,"九一八"事变没几天逃到了北京,路费都没有,童老给的钱。后来我问张镈,解放以后,你还人家钱了没有,张镈没有吭声,可能没有还。童老出的路费是张镈说的,他自己跟我说的。

童老和他们不一样,用现在的话说就是童老"不靠拢组织",用我的话来讲就是他跟共产党在建筑上采取不即不离的态度,基本上是不合作的态度。我看他的态度是:我研究我的学问,我也不向你汇报,也不攀你,我也不说你坏话,我就是闷头研究我的学问,带我的学生,政治的事我不参加,评选这个那个的,北京开会我都不来,游离于外,他看透了。他说,梁思成和他爸爸一样——政治上糊涂,但是我还是很喜欢他,这是他在给费慰梅的信里的一句话,平时他不说的。年轻时,童老在上海自己花钱找汤定之老师学国画。"文革"期间几位老先生没事到童老家,翻阅各种国画，和杨廷宝几个人在那儿琢磨国画，人家有这个趣味。人家文化底子好，文化积淀厚，现在我们这些人没有文化积淀。

　　杨老是非常随和的一个人。杨老特别的聪明、睿智。共产党让他干啥，他干啥，对人都很客气，都非常的好，一举一动顶多就是一举一动，一句话都不说，这一举一动都感染人，杨老这些事比童老厉害。童老是不理你，就不理你了，你这个人品德差我就不理你了。但是童老关键时刻，他能救人命，"文化大革命"他不说话，跳"忠"字舞跳得时候很认真，一招一式都很认真。"文革"期间，批斗刘光华最厉害的时候，刘光华——东南大学教授，现在美国定居。他俩上厕所，童老看看旁边没人，就跟刘光华说，要顶得住，任何的时候都要顶得住，别寻短见。刘光华后来回忆说，童老这句话救了我的命。批斗郭湖生，童老在会上说了一句话，"郭湖生同志是一个好同志"，一句话把郭湖生救了。"工宣队"征求意见，把土木系和建筑系合并，很多人不吭声，许多人赞成，问童老，童老说："除非地球不转就合并"，就是这样一句话，地球不转了咱们就合并，地球转了咱们不能合并，他敢顶"工宣队"。

　　童老在北京住院，六人一个屋，我觉得太不公道了，那么大年纪的建筑学家竟没有高干待遇。于是，我就给副部长戴念慈写信，你老师来住院，六人一屋请你想办法换个高干病房。戴念慈一看很着急啊，就托人给换。联系好了童老却不去，"一个人一个屋太寂寞，这六个人说说笑笑多好。"童老得的是癌症啊，趁着他在北京，印刷厂这边加班加点印出他的著作。刚印出来还带着油墨的香味呢，我叫出版社编辑于正伦给送去。他回来跟我说，童老在床上抱着那本书高兴得都掉眼泪了。童老跟杨老每人出一本水彩画画册，我们给出的。童老当面跟我讲，"我这些画谁都没给，省里搞展览跟我要，我就给他一两张。你这来了，你挑，随你挑。"我说，"我哪敢挑，要我挑这些我都要了。可是呢又研究好了，一人50张，杨老50张，您50张，还是你自个儿挑吧。"他坐那，"你看这张怎么样？""挺好，挺好。""你说好我就放这了，要了。"他又挑一张，我又说，"挺好，挺好。""这张被虫子蛀了，行吗？"我说，"没关系！照出不误。"我说，"你解放后的画有没有？最近的？""没有！这都是30年代的。"我说，"你解放后怎么不作画？"他不吭声了。他不回答，后来我就问他的助手晏隆余，我说童老解放后为什么不画了？他说刚解放时在街上写生叫警察给制止了，从那以后他不画了。他与杨廷宝的画风完全不一样。他们都是功底很深的。人家在美国挣了钱没买"八大件"回来，就是到欧洲做建筑旅游，一去就是好几个月，把钱花到那去了。而且比方说第二天，要看佛罗伦萨大教堂，要看斜塔，头一天晚上一定备课去读有关书籍。第二天再去看，看完了再评价，再找角度，再画，等等。20多岁呀，在美国工作两年挣的钱都干这个了。

  我上童老家去探视，腿肿得这么粗，出去一定要送到我院里，这是礼貌。陈植我去了以后，非送到我楼梯间。我架着他，那头保姆架着他，到了楼梯间。保姆讲这是他的规矩，谁来了都这样，是他从小培养的一种礼貌。

  我这一辈子最后悔的一件事是我跟童老说，你想不想回沈阳？从"九一八"就没回去，他说非常想回。我说我给你安排，我陪您，咱俩一起去。后来他就生病了，就没成行。因为我沈阳也没有太熟的人，还得联系住处，得接待好，还不要花钱，我得找机会。我正找的时候，他生病了。杨老生病，童老生病我到上海出差，我特意在南京下车，特意下车待两天。杨老拉着我的手就不松手，就跟我说些半糊涂、半明白的话。童老，我到他家去看他，哎呦，那腿肿得这么粗，还同我交谈很多。

  跟人家（作者）有一个感情的联络，咱们也不做那些个庸俗、低俗的事，比如带点水果，我从来不带水果。杨老（杨廷宝）跟我关系都特好，那时候他来没人接待，我们就派车接待。去看杨老，医院不让看，病危，不让看。后来说，北京来的，特意来看的！那可以，20分钟！所以你这个编辑和作者的关系，除了工作上的关系，一定要建立某一种私人的感情，对人家要尊敬。童老有的小册子我亲自看的，《东欧苏联建筑》等都是我亲自看的，改一个字我都告诉他，有的我改对了，有的我改错了。我是根据日本的资料改的，人家童老又查日本资料。他说，日本人的书他们自己搞错了。童寯说，华沙的文化宫是1954年落成。我说1954年12月我到华沙亲眼见到没落成，仅仅是结构完成，装修还正在做，所以我说，他说是1954年落成，不对，应该是1955年。人家童老回信就四个字——"眼见为实"。他说："我是根据欧洲的资料！"

这样子才能建立你在作者心中的地位，一个叫认真负责，还查资料，他觉得你这人可靠，没有改错的。郭湖生[①]的东西也是。渤海国，在牡丹江，那个碑什么的，我到那儿亲眼看的在什么镇。他写错了，我告诉他，我去过。他说，我没去过。我说，你没去过那还是我的对了。他说，那就按你说的改。这些事情，他们就会很认可。钟训正来了，我说在我家吃顿饭，"爱吃什么？""爱吃辣椒！"我说："我给你买一罐辣椒！"他在开会的餐厅吃不到，一顿饭造了半罐儿！其实一般这些人来我家就是家常便饭，没有特殊的，有的就是煮饺子。你像郭湖生来北京开政协会，腿脚不灵，下午开会，我亲自要车给他送到人大会堂，然后我再坐车回来。这不感动他呀？你再求着他点什么事，他不给你办啊？与作者交

---

① 郭湖生，教授。河南孟津人。1952年毕业于南京大学建筑系。历任青岛工学院、西安建筑工程学院讲师，南京工学院副教授、教授，国务院学位委员会第二届学科评议组成员。从事中国建筑史及东方建筑史的教学与研究。参加编写的《苏州古典园林》1981年获国家科技成果奖一等奖。参加编写《中国古代建筑史》，撰有论文《中国古代建筑艺术传统》，主编《中国建筑技术史》。

朋友也是"哥们儿",但是你又不是那种像商人一样的(物质化和低级趣味),我根本不做那些事情。有交流,学术上的交流。所以他们也愿意跟我神聊。聊就聊建筑的事,不聊别的。比方说郭湖生我就是问他,梁、刘之间有什么矛盾,怎么形成的?"不好说,学生不能说老师的事!"他知道不评价。我也知道,我就是想多方印证。有人跟我说,但是我得多方印证,孤证不行啊,证明一个问题起码要两三个啊。

这样子,不仅仅是作者和出版者的关系,因为你必须和他相等的文化,甚至于某些方面要超过他的文化。像跟哈建工我的老同学在一块儿聊天,我就发现他们,除了他们这个专业以外知道的不多。那么,我跟他们聊的东西好多都是大的政局,大的观念等等。他们感觉都很新鲜,而且,有的甚至害怕,"你怎么这么说呀?"哈建工的老院长陈宇波,挺有风度的老头,跟我特好,我们俩是无话不谈。抗战时在西南联大学土木的。抗战胜利他是绕道越南回来的。何东昌[①]地下党的关系他给接的,他到解放后才知道他办了一件这事。西南联大的一个同学说,你到北京给何东昌带个口信:叫他去找找老同学谁谁谁。陈宇波很实在,反正记住了就行了呗!回来就找了何东昌告诉他,谁谁谁叫我给你带口信,叫你找哪个哪个老同学见见面。何东昌心领意会,这是接地下党的关系呢,那个人是地下党的头。他给办了这件事,一直到解放后才知道被地下党利用接关系了!我们俩的关系到这种程度,什么事他都跟我说。

那时候1980年代初,全国要出教材,部里统一规划,哪个大学负责哪一本,哪几个大学联合,以谁为主。后来,未能按时

---

① 何东昌,1923年出生,1950年3月至1951年2月任清华大学党总支书记,1951年2月至1953年9月任清华大学党委书记。1944年在西南联合大学参加发起组织党的外围组织——"民主青年同盟"。历任清华大学党委书记,教育部长。

交稿，出不了书，部里就组织我们三人，吴勤珍，教育局的处长，她代表教育局。陈宇波，从哈建工借调来，到部里教育局管教材，出版社就出了我，我们三人一个小组，跑所有的大学，催稿，解答问题。不管到哪，陈宇波都说，"你说。"我说："你们是教育局的，我是出版社的，你代表教育局，你们俩不说，让我说，每回都我说！？""你敢说，你说的东西多，我就知道那点。"后来回去就当院长了，挺好的。"你们跟日本打交道，我们也想联络，怎么办啊？"我就给他出主意，找尾岛，你请他到哈尔滨讲课。然后管吃管住，管飞机票！先管这个，事情弄成了，关系拉好了，你再跟他说："我们想去俩人，你在早稻田给接待接待！"不就行了嘛！陈宇波，挺好的老师，大知识分子，早已退休了，回苏州老家了。

沈士钊[1]到美国"镀金"的，整钢结构，整完了回来弄个小册子，要出版。我们那编辑说，"那玩意，钢结构也就印五百本呗，谁要啊？"我说，"没人要咱也出！"他特别感激我，到哈尔滨碰见了，招待我喝咖啡，特别热情。

1980年我是通过三联书店经理肖滋给介绍认识钟华楠的。那年我去香港谈合作出版的事，那时候他很进步，很靠近大陆的。他做设计还不错，香港半岛酒店的改造设计是他做的，香港山上过去有个叫香炉峰的饭店也是他做的，现在拆了。他1960年代就在香港开设事务所，他不仅设计可以，传统文化素养也高，人也不错。上个月给我来了个电话[2]，是我老伴接的。杨先生在吗？老伴说在，他那头哈哈大笑，弄的我老伴蒙头转向的，等我一接电话他又哈哈笑。怎么回事？他说："昨天晚上做了个梦，我们俩一起到伦敦，我陪你，晚上天黑了，参加一个Party，Party散

---

[1] 沈士钊，著名土木工程专家、中国工程院院士。
[2] 此文口述时间为2011年12月27日。

了就找不着你了,还下着雨,到处找不着你,把我急得够呛。我把你带到伦敦来竟然找不见了,给丢了,然后就惊醒了。"惊醒后跟他老伴说,他老伴说哎呀这梦不好,赶快打电话问。一通电话知道我没事,就特别高兴。我们俩很投机,无话不谈,我俩同岁。这故事说明我们之间情谊之深。

我跟张开济私人关系很好,我们俩是忘年交,张开济比我大20岁。每次开会我都请他,我们两个经常在一块聊天。我对他很了解,连他老伴的身份都知道。他老伴说我是"克格勃",什么都知道。他们家的事我都知道,只要有机会我就了解。他老家是杭州,他父亲是做扇子的。手工业很有名的,《西厢记》里面写的扇子就是他们家做的,也很有钱,在上海曾和陈独秀住一个胡同里。他的社会关系最大是陈立夫,跟陈立夫很熟。他老丈人家是京奉铁路总工程师,京奉铁路是张学良的铁路,住在东单那儿。里外好几进院子。张开济夫人的嫂子是杨宇霆的女儿。杨宇霆就是1930年被张学良当作汉奸枪毙的,是张作霖的哥们儿,少帅见了他都得叫叔叔,与张作霖是拜把子兄弟,掌握东北财经的,张作霖死了以后,杨宇霆跟日本有一些勾结,他老管教张学良,张学良不敢惹他,后来张学良做了一个圈套,把杨宇霆还有别人弄到沈阳少帅府老虎厅里吃饭,在这个工夫一个暗号进来几个军人,把杨宇霆毙了,毙了好几个。毙了以后,给杨宇霆家人很丰厚的抚养费。杨宇霆的女儿嫁了张开济老婆的哥哥。

张开济夫人的哥哥是国民党一个空军军官,到了台湾以后飞行时牺牲了,不是打仗,是训练时牺牲的。她哥哥有一个儿子,蒋介石给娘俩儿的抚恤金很少,她嫂子跑到街上摆了一个地摊,卖她丈夫的军功章、肩章等等,被国民党特务发现了,又不敢制止,大概向老蒋还是小蒋汇报了,赶快给她一笔钱。然后这个老太太带着她的儿子到加拿大,别人劝她回北京,看看原来住的地方。

但她不肯回来，也不去台湾。她儿子在香港工作，也不去，最后一个人死在加拿大，伤心啊。我曾跟她儿子说，劝你妈回大陆看看。他说，我劝了她不听。

说起来认识张开济夫人的内侄，是缘于我当初比较活跃，参加活动与人吃饭、聊天。一聊起来他愿意跟我聊啊，东西南北的，我说知道杨宇霆，在老虎厅被少帅给毙了，他就高兴了。还有一个大的房地产商，说起来他爹是解放前著名的民族资本家，解放以后毛泽东要封他当部长也没有当成，就当了一个副部长还是什么官，后来这个人自杀了，是搞航运的。有一次吃饭他坐在我旁边，我问他，我说你怎么搞起房地产来了？"其实我是学钢铁的，钢铁学院毕业的。"聊了聊，他说起一个人的名字，我说那个人是你什么亲戚啊，他说是他爹。呦，我说我知道那个人很了不起！是吗，您都知道？我说，那当然，抗战的时候如何如何，他就很高兴跟我聊天。

在哈尔滨开会，在马家沟分校那儿有一个招待所，住在那儿，给张开济安排一个屋一个人，厕所地上有水，我说这个不行，把老头摔那儿麻烦了，我说老邓赶快换一个屋子，让服务员特殊照顾。这些事你必须管的，老人家上楼梯，我都是亲自扶他，所以他跟我的关系不一样。别人告诉我，张老说了他个人爱好就请客，并说，请客就是吃面条。但是有一次不一样了，全家请我吃烤鸭！儿子，儿媳妇，就是请我一个人吃烤鸭。

后来我跟别人说，我说张开济请我吃烤鸭！呦，那可不一般了，那高级了，他不请别人吃的。他说我给他弄了《建筑文库》中的一本书，张老说，我听说，别人出书还花钱，我这个不但不花钱，还挣钱。张老晚年他儿子比他爹名气还大。他跟我发牢骚，"说张永和，然后又说张开济，张开济是张永和他爸，张开济就是张开济，怎么还加一句，是张永和的爸爸！？"他比张镈思想开放活跃，对许多事情有他的见解。我跟张开济熟一些，跟张镈的关系一般。我挺喜欢张开济的，我们两个经常通电话。

　　说不好听的话，张镈有一点"左"。我真正很喜欢的就是童寯。私下张开济跟我说童寯的设计好，道德文章也好，写的文章也好。我下面接了一句，梁思成呢？啊，也好，也好。张镈死了，我告诉他，张镈死了，追悼会你得去。他说，我去，还真去了。其实他们两个，应该说当时有不和。你当着张镈的面不能说张开济，一说他就骂他；当着张开济的面，不能说张镈，一提就骂他。都是北京市建筑设计院的老总，死对头。他们院里都知道，但是为什么死对头，很少有人知道。刚解放的时候，张开济是留下来的没有走，从上海聘请到北京院的，张镈解放前夕跟基泰跑到了香港，后来咱们派人去做工作，给拉回来的，所以张镈老是表现好一点，表现进步，靠近组织。"三、五反"当中他揭发了张开济，把张开济给关起来了，关牛棚了，后来经审查没有什么事，就是施工单位资本家请客吃饭，东安市场跳跳舞，就是这些事，没有什么贿赂，后来没事儿就放出来了，张镈揭发的。那个时候张开济还没有结婚，还没有这个对象。他当初想留美的，没有去成，上海有一些工程，有钱赚，他想赚钱了以后再走，呼啦一下子解放了，没去成美国。他们在"文革"当中受到了冲击，他们两个老总，还有赵冬日，都是在台上下跪，被连踢带打的。我问他，那时你为什么没寻短见？他想了想说了三个字："不要脸！"多深刻呀！

　　我还认识一个溥仪家族的，前清皇族后裔。也是在一起吃饭坐我旁边，原来北建工的党总支书记，他的名字后来改了。我觉得这个人的举止行为不同一般，就问别人，他是干什么的？说是总支书记，原姓爱新觉罗。然后我就跟他说，刚才知道你姓爱新觉罗，一看你的长相和你们家族的人很像，小尖脸，我这一说他就高兴了。您都记得，我说我见过你们爱新觉罗家族人的相片、画像，与他一同谈爱新觉罗，我说你的举止行为可是不一般，从小受皇族的教养。我说的是真话，他听了也很高兴，觉得这杨总还挺能看事、还挺能看人的。

潘祖尧在英国AA学院读的建筑学，女皇都接见过他。他爷爷是广州中国第一个发电厂的总经理，他爹是香港的大法官，华人第一位大法官，他很有背景。他祖上是广东的四大家族之一，他光接受遗产就不得了。后来他做了香港建筑学会会长，1980年我去香港，他是普通的建筑师，别人给我介绍的，认识了以后，他陪同我参观，给我当翻译，我们很谈得来。他夫人是台湾人，请我在他家吃饭，吃饭专门请的大厨来家做的。后来他夫人说，我上你们那儿去，头一次去把我吓坏了，一下飞机都是当兵的，我一看就害怕了。我说你不用害怕，我们每架飞机都是如此保护，我说你在台湾受国民党的宣传，我们共产党都是青面獠牙，我说你看我是青面獠牙吗？她说，不是，我看你挺好的，一般的普通人吧，咱们都是中国人。我告诉她下回再来，我给你安排，用不着找旅行社。我陪同到外地跑了跑，国家建委发了电报，各地建委接待，那是什么水平，会见各地的建筑界名流。后来阎子祥让他和钟华楠在这边当中国建筑学会的海外理事，在这边搞活动，香港建筑师学会在内地搞展览会，在北京开幕式上，让他讲话，但是要他把讲话稿拿来审查一下。他赶紧给我打电话，请我帮忙。我就帮他起草发言稿，写完了还得找一个书法家用毛笔字抄一遍。因为要给首长看，需要规格高一点。

这个讲话十来分钟吧，几页，李锡铭部长都去了，他一个字没有改照着念。念完了回来的路上，学会阎子祥理事长说，讲得不错，挺进步的。我说，阎局长，那是我写的，跟领导说实话。80年代初，他和钟华楠在香港联络台湾建筑师，大陆建筑师，要搞"兰亭会"三家一起见面，筹备当中给我来了一封信，请我看看发来参加"兰亭会"的大陆人员名单是否妥当。他提了不少人,叫我圈定,我一看就明白了,他不是让我圈定,是想通过我的关系找政府,明白吗,他不能直接跟政府打交道,我就起这个桥梁的作用。这是办秘密外交的渠道啊,向来如此。张学良想找党中央谈合作的事,他找好几个渠道。我拿着他的信就找阎局长。跟阎局长,我什么都说,我说这个人能去,那个人可以,我说你当团长,阎局长说我不去,商量了名单,我给他回信了。结果没有办成,台湾的建筑师干,台湾当局不干了,这边上级已经批了,那边不同意,所以没有做成。

  潘祖尧很富有,他求到我这些事,他都想给我一定的报酬。钟华楠上我家说你这个垫子睡觉太硬了,我买一个软的给你寄过来,大陆没有,不麻烦,我打一个包寄邮局,你去拿。我绝对不要,什么都不要,你给我一条烟,我要,别的我不要。经过几年的交往,潘祖尧说,大陆的人都像你这样就好了。他来过我这儿,看到我家里没有彩电,要送我。没有,我也不要,因为我有黑白的就可以了。跟外边人有一个好的思想作风,自然会感染他,他自然愿意跟你打交道,所以他自然给我钱举办学术活动,他知道了我是一个不贪的人。

  晚年,我搞了五次研讨会,都是潘祖尧出的钱。一次是他说给我 5 万元搞一次研讨会,在深圳那次超过了,我跟他谈的是多退少补。在哈尔滨那次没有花到那么多的钱,因为张伶伶出了一些力,找到了一些支援者。开完了会,潘祖尧、伶伶和我在一块,我说伶伶把单子给潘祖尧看,总共多少钱,所有房费、饭费单子都给人家,交通费伶伶出了,请客吃饭都是伶伶找人出的钱。三万,好像花了两万多,伶伶把单子给他,他钞票一点,完事儿了。三人当场对案,我一个子不要。所以他很相信我。当然,如果我把钱拿到手了,然后由我花,再给他单子,这里名堂就多了,我也不是不懂,是他主动提出来给我钱,还不是我跟他要的,"你接着再搞一个活动,我给你钱。"所以一共搞了五次。他也有他的事务所,事务所甚至都赔钱,他也不在乎。他当香港建筑学会会长,往里搭了不少的钱,来北京开会天天得看家里股票怎么变了,人家会整钱,到内地来,1980年代银行家考察团,他跟着来了,他又是属于香港银行家里的,但是他不讲究,穿戴有名牌,但是绝对很少穿着,人家不追求这个。有时穿懒汉鞋,穿皮鞋也是很舒服的一种皮鞋,不是很昂贵的东西,他就是这样。

应《南方建筑》杂志郑振纮主编之约,我写了一篇关于其人其事的文章,但其中也未提及1992年他以全国政协委员的身份写给新华社香港分社这封信。现将该信全文插在这里,供读者参阅。

## 潘祖尧致新华社香港分社信[①]

新华社香港分社:

今年九月八日至十一日,应北京中国建筑工业出版社《建筑师》杂志之邀,我到哈尔滨市参加了"建筑师杯"全国中小型建筑优秀设计评选活动。全国有122家设计院送来209项工程的图纸参加评选。这些工程都是1986~1991年这六年期间建成投入使用的,共评出优秀奖八项,表扬奖十九项。这是一件十分有意义的工作,我热诚支持!

参加评选会议的,还有张开济、戴复东、钟训正、彭一刚等国内著名专家教授。

---

① 据闻,此信已于当年转给哈尔滨市政府,并在内部简报上刊登。
潘祖尧(1942~　),香港出生,全国政协委员、香港建筑师学会前任会长。1968年毕业于英国伦敦AA学院,1973年创立潘祖尧建筑师事务所,1986年建立潘祖尧顾问有限公司。主要著作有《现实中的梦想——建筑师潘祖尧的心路历程(1968~1998)》。

这期间，除了评选和学术讨论外，我们还应哈尔滨市城市规划局之邀，参观了城市建设，听取了情况介绍，并对该市的城市建设提了一些意见。

现将我的意见，反映如下：

一、哈尔滨是一座近百年来才开发的一座优美的、新兴的城市，有许多全国乃至国外都闻名的轻重工业厂家，有便利的水陆交通，有许多内陆城市少见的各种欧洲风格的建筑，特别值得称赞的是近十多年来又有了很大发展，建了一些设计手法高超的楼宇。

二、关于城市规划问题。据介绍，他们拟在松花江以北建设一座能容纳10万人的卫星城。对此，我有不同意见。我认为，世界各国迄今所建卫星城成功者少。特别是这江北地区没有就业条件，居住者往来市区，必要通过松花江大桥，届时反而增加交通阻塞，卫星城距市中心较远，势必会有诸多不便，唯恐难以移民。

现在看，城市绿地规划面积不小，在市区东南部尚有大片空地可以发展。中国的城市人口众多，而可用土地又甚为不足，故今后在城市发展中节约土地，必将成为一个十分重要的课题。因此，在新开发区中，更要注意土地的开发效益。新开发区，似应成片地发展，不宜再像有的开发区那样，占用地盘很大，建设分散，投资浪费，效益很差。

三、关于市内交通问题。哈尔滨的市区街道比内陆许多城市来说，并不算窄小，但由于车辆猛增，再加上有的地方道路规划不尽合理，造成目前市内交通十分混乱。我每次乘车外出，都见到一两起交通事故。诚然，建立交桥，拓宽道路，限制增加车辆，都是一些有效的办法。但限于经济条件，这些在短期内无法办到。

我认为，哈尔滨的交通混乱，主要原因是管理不善，管理不严。那几天，在大多数十字路口，见不到交通警察，无人管理，无人让路，人车混杂，堵车现象很严重。

当前，只要加强管理，严加管理，市内交通肯定会大为改善。

四、关于文物建筑保护问题。据介绍，哈尔滨市政府几年以前就对近代建筑进行过普查，并经专家鉴定确定了保护建筑名单，挂上了市政府制作的铜牌。这是非常值得其他城市学习的。

但在实际工作中，却还存在一些问题，比如，在翻新旧店的门面中，容许出现不伦不类的铝质装饰及招牌，因此失去和掩盖了旧有建筑原来的面貌，其效果变得令人啼笑皆非。另一个例子便是透笼街的圣·索菲亚教堂[1]（建于1923～1932年），它是一座规模较大的受拜占庭建筑影响的东正教教堂（见附照片）。现在，它已成为大陆唯一的东正教大教堂，无论是设计还是施工，均可称为建筑佳品。然而，它的现状却令人惨不忍睹。现教堂为百货公司的仓库，它的前面是一条拥挤不堪的家具批发零售市场。不知为什么，这个市场占用了整个一条街，以致人行困难。若不尽快加以保护，唯恐惨遭彻底破坏。万一遭火灾，后果不堪设想。到那时，后悔晚矣！圣·尼古拉大教堂，在"文革"中被毁，至今人们都还惋惜不已。教训是惨痛的，应该吸取。

还有一个中央大街问题。市政府曾决定把这条街保护起来，这无疑是正确的，虽然这条街的建筑，就世界范围来说，不能认作是一流的，但它极富特色（就中国来说），是过去人们称哈尔滨是"东方小巴黎"的主要象征。

我同意国内专家们的意见，应改为步行街，加强保护，且其建筑不得随意拆除、改建。

五、关于建筑创作问题。各个不同的时代，有不同的建筑。哈尔滨的旧建筑，是该市过去的遗物，表现了旧的时代。今天建新的建筑，没有必要再去按照那些旧建筑的样子去设计去仿造，没有必要建造"假古董"。新的建筑要体现新的风貌、新的科技成果，体现新的时代，且一定要适应北方气候的特点，不可以照抄照搬南方建筑。

因为在哈尔滨逗留的时间短,且又是第一次。以上意见很可能脱离实际,只能供参考。

如无不妥,可转达有关部门参考。

潘祖尧<br>一九九二年九月卅日<br>于香港

杨永生注释

[1] 圣·索菲亚教堂于1997年修复并拆除它附近的建筑,迁走家具市场,新修了教堂前广场,教堂内设哈尔滨建筑展览,深得市民赞扬。

[2] 道里中央大街已辟为步行街,并修建了一些建筑小品,成为哈尔滨市的一大景观,人民群众拍手称快。

整整20年过去了,现在看这封信里提及的意见对城市建设依然有帮助,具现实意义,值得重新读读。

## 告别《建筑师》

从1990年调回建工出版社以后,根据我的请求,部里就没有再任命我担当出版社的领导职务,但一切待遇都不变,又是根据我的愿望只担任《建筑师》与《建筑画》两本杂志的主编。可以说,退居二线。

1994年以后,虽不再任杂志主编,但仍被聘为杂志编委会主任,依旧主持杂志的重要任务。后来,在有关人事变动之后,我突然发现,他们在我不知情的情况下,已组成新的编委会,并撤换了我这个编委会主任。发生此事后,又想让我担任顾问,理所当然地被我婉拒了。从此,《建筑师》杂志即与我脱离了任何关系。

至今，甚至连杂志都免赠了。

但是，这十多年，我也没闲着，甚至有时同以前在职时一样忙碌，忙什么？主要是看书、编书、写文章。但同建工出版社的业务联系并未中断，在社里上上下下诸多同志的帮助下，在出版社出版了一些书。但在别的出版社也出了一些书，为数不多，主要是由于别的出版社主动约稿，或者因为建工出版社担心我编的书赔本而未采纳的选题。

这里，我还要说说我与北京市建筑设计院主办的《建筑创作》杂志社的密切来往。这十多年来，与该杂志社社长张宇副院长，特别是金磊主编往来频繁。他们这个杂志团队给了我不少支持和帮助。我也十分关心他们怎样办好杂志，怎样开展多项学术活动，从而他们不仅邀请我参加多项活动，还发表了不少我写的文章。尽管这两年，金磊主编调离了主编的工作岗位（这是令人感到惋惜的），我们之间的友谊并未中断，我十分感谢他们这个团队。

此外，这十多年来，还同天津科技出版社、知识产权出版社和天津大学出版社有过往来、合作。他们都出过我的书，给我留下了许多美好的回忆。

## 不得不说的事

还想到有关的几件事,不谈,憋得慌,也顺带说说吧!

从1911年辛亥革命到1931年"九一八"事变这20年间,老胡子头张作霖在东北发展成什么样?他虽然是趁着辛亥革命称雄东北的,要没有日本人侵略东北,可不是后来的东北。他们都懂得办东北大学,人家也办工业,也培养人才。而且他当时结交的那些人也都是什么开明士绅,并不是土匪只勾结土匪那样的路数。张学良就懂得培养人才,派留学生。为了对付苏联,日本政府就派留学生,从小学俄语。有充足的经费,让这些人在俄罗斯旅游、参观、学习。我们缺乏这方面的认识。

再说一个问题——中国的近现代建筑,中国的近现代是从历史中走过来的,从清朝一直走到近代,辛亥革命以后,然后一直走到解放以后,但是我们没有人去认真地去研究这一段路程。现在,旅美建筑学者赖德霖先生始终注意研究中国的近代建筑,而且取得了相当可喜的研究成果。清朝灭亡后,从1911年到1949年这一段,研究得很不够,1949年以后也很少研究。查看中国辛亥革命前后到美国以及其他国家留学的,基本上没有学建筑的。强国富民,学机械、地质这些学科,没有学建筑的。庄俊最早,还是改行的，由土木改行的。说来很有趣的一种现象是法国的建筑教育很发达，连美国的建筑教育都是复制法国的。但中国留学生却很少有法国美术学院的，而去德国的留学生则也少，大都是美国留学生。这是为什么？

我还算幸运，遇到一些比较正直的领导，还有眼识珠。我就是不拍，我就是想做点事。当翻译时我也不安心，我不愿意当翻译，我觉得没有自主，没有创造力。因为我接触了很多事，我觉得有的人水平并不高，看不出问题来，我觉得我还行，所以我想做一点事情，但是有许多情况下你想做点事情，条件不行。比方说在出版社后阶段，1980年我到日本，看到日本有个印刷厂正在改造，把设备整个地换，换新一代的德国制造的彩印设备，也是海德堡的，60年代制造的，想换成80年代的，如果能买下来旧的，就是废钢铁的价钱，只需花一笔运输费。那个日本老板我还认识，人挺好的，以前在哈尔滨待过，念过大学。我跟领导提出，领导没有积极性，好机遇没抓住。但这也不能怨他，只是因为那时候要办这种事，不知要经多少道审批手续，最后还是办不成，因为改革开放才刚刚起步。

1980年前后，还有一位旅居巴西的徐姓的华侨要投资200万美金在北京办一个科技出版社。这是巴西一位有钱的大农场主，是北洋水师的后代，他在巴西农场的面积相当于半个台湾，这么大的面积。老头子挺能干，都有自己的专机。我说把它接过来干，这个人很有财力，而且人家也申明了，我投资200万美金，利润不往回拿，可以"滚雪球"，翻译外国的科技书，出版自己的科技书，我就想把这个事接下来，但是出版局没积极对待，领导不干。人家提一个条件很简单，要求把他一个在天津的侄子招进来参加工作就行，我们说没办公楼，人家说不必，搞出版社在北京饭店租两间屋子就行了，有电话，雇几个人就可以办了。咱们不愿意接受人家钱,结果人家给台湾投了 200 万美元,台湾办起来了。

　　机遇还是很多,由于我们思想不解放,规章制度卡着,办一件事很难。我去日本,要带上几本书跟他们面谈一下合作出版,挣点日元,好买点设备什么的,都费劲着呢。跟领导谈,像《古建游览指南》,领导说不行。我说行不行我带着,到那儿跟他们谈,谈完了真行不就挣外汇了吗,我硬是带着书到日本跟他们忽悠,挣了一笔日元,还出日文版,也装备了一下出版社。

# 后 记

　　我的这本口述历史资料，只能提供一个小人物所经历的一些小事。但是，正如开头所说的那样，都是真话，没有假话。

　　人老了，没啥工作任务，可脑子并没有闲着，尽想些事，还有许多想法，心底里也还留下许多真话没说出来。我一生所受的教育和经历迫使我不可能说出所有的真话。经中国建筑工业出版社编辑李鸽、副总编王莉慧精心整理，我又看了两遍，观点和不当言词当会不少。我的水平有限，只能如此了。也只能祈求读者谅解。

　　这里，首先要感谢她们二位鼎力相助。我还要感谢出版社社长兼总编沈元勤多次劝我做口述历史，又极力催促公开出版发行。

　　还有一句真话，不得不说。这本小册子既没有请名人作序，也没有请什么人题字，因为我一向讨厌这些。

杨永生<br>2012 年初春于北京寸屋